情報史研究　第11号（2021年6月）

目次

情報史研究会

【論文】

幕末における『孫子』用間篇註釈

—反間問題と下策問題—

森田　吉彦

「彼を知り己を知れば、百戦危うからず」。——兵学の古典『孫子』の中でも、特に人口に膾炙した一句である。よく知られているように、幕末維新期に活躍した志士たちもまた、武士の教養としての兵学に接するなかでしばしばこの句を好んで口にし、内外激動の時代を生き抜く指針とした。また、敵と見定めた西洋列強からあえて学ぶ際に、自らの行動を説明し、正当化する言葉ともしたのである。

では、「彼を知」るためには、どうすれば良いか。孫子の言に立ち返れば、間（かん）（スパイ）を用いれば良いというのが、その答えである。「己を知」るために何が必要かの方は、始計第一以下、各篇で明らかにされている。国力や将の能力は戦略情報分析に必要な項目であるし（始計第一など）、自らの弱点を把握しておけば対策が打てるし（九変第八など）、率いる士卒のどのような動向を捉えておけば良いのかなども論じられている（地形第十など）。しかし、「彼を知」るためには、どうしても間が用いられなければならない。

例えば、行軍第九には敵情観察の事例が 32 ほど挙がっているが、「近くして静かなる者は、其の険を恃むなり」などの事柄であれば敵軍の様子を窺えば分かることだし、「辞卑くして備を益すものは、進むなり」であれば、敵の使者の言動を見ることで分かる。しかし、「諄々翕々として、徐かに人と言ふものは、衆を失へるなり」をはじめとした敵将による統率の様子は、よほど迂闊な相手でもない限り、敵軍内に味方の間がいなければ知りえない事柄である。

また例えば、謀攻第三の要諦を示す「上兵は謀を伐つ、其の次は交を伐つ、其の次は兵を伐つ、其の下は城を攻む」にしても、そもそも敵の謀を知っていなければ「謀を伐つ」などという芸当はできるわけがない。しかし、謀が何であるかは最も機密にあたることであり、敵はこちらに悟られないよう細心の注意を払うし、偽装工作を行って真意を見誤らせ、こちらを騙そうとさえする。これに対しては、間を上手く用いて、敵の真意を直接知るよりほかないというのが、孫子の考えである。

では、この間の用い方を論じた『孫子』用間第十三について、「彼を知」る必要に迫られていった幕末の日本人は、どのように理解していくことになったのか。本稿では、江戸時代の『孫子』註釈を扱った「日本における『孫子』用間篇の註釈　反間という難問をめぐって」、とりわけ兵学者吉田松陰に焦点をあてた『兵学者吉田松陰　戦略・情報・文明』、『吉田松陰『孫子評註』を読む　日本「兵学研究」の集大成』といった筆者の旧稿に引き続き[1]、江戸時代の『孫子』用間篇理解をとりあげる。

江戸期の『孫子』註釈書は、「註釈」という行為の性格からして、『孫子』を本格的に読んだ人間の数だけあるともいえ、大学図書館などで現物を確認可能なものだけでも数十を数える。しかし、同じく「註釈」という行為の性格からして、個々の註釈書ならではの創見が見られるものは限られてくる。以下本文では、数多くの註釈書のなかから、今日とりあげるに足ると思われるものを紹介し、内容を吟味していきたい。とりわけ、対外的な危機感が高まり、海防論が唱えられるようになる18世紀末から19世紀の初めより、有名・無名の『孫子』註釈が数多登場している。本稿では特に、この時期以降――広義の幕末――を中心に扱うことにする。

前近代日本のインテリジェンスについては、必ずしも研究が豊かではない。いわゆる忍者や江戸時代の御庭番の実態を解明しようとするような研究もないわけではないが[2]、まだまだ分からないことが多く、ましてやそれらがどのような理論に基づいて行われていたのか（あるいは、いないのか）を問うには、素材が少ない。インテリジェンスに限ったことではないけれども、歴史や理論を参照することによって、我々の思考は効率化される。そのための素材を探求するのが、本稿の主目的である。

なお筆者は、この課題について、『孫子』理解のみが重要であると主張するつもりはない。また、『孫子』のなかでも用間篇だけを論ずれば足りると考えているわけでもない（『孫子』が用間篇のみならず、全体として心理情報戦を説いた書物であることは、筆者も過去に論じた[3]）。ただし、前近代日本のインテリジェンスにおいては、『孫子』、なかでも用間篇の影響がやはり大きかったと考えられており[4]、まずはそこからとりあげたい。

本稿で、用間篇註釈のなかでも特に焦点をあてるのが、反間問題と下策問題である。旧稿でも論じたように、『孫子』用間篇の 1 つの特徴とされてきたのが、同書でいう五間すなわち 5 種類の間のうち、反間（二重スパイ）こそが最も重要であるという主張である。このことはさらに、敵間を反間に仕立てることで成功することもあれば、味方の間が敵の反間となってしまい、敵が成功する（＝味方が失敗する）こともあるのだから、つまるところ間などに頼るのは下策であるという議論にも発展しえた。両者は一連の命題であるともいえるが、ここでは、反間への対処をめぐる考察は反間問題、反間問題に対する結論として間を下策と捉えた議論への、さらなる考察を下策問題、という風に区別して、注目する。

1.では旧稿では字数の加減で扱えなかった 18 世紀の著名な註釈書を、2.では対外的な脅威が差し迫って意識されるようになり、海防論が唱えられるようになる 19 世紀前半以降のものを、3.では 1853 年にマシュー・C・ペリー（Matthew C. Perry）提督率いる黒船艦隊が来航し、いよいよ危機が現実のものとなった後の著作を、それぞれとりあげる。引用にあたっては、旧字、変体仮名、句読点などを適宜修正、漢文のものは読み下し、片仮名は平仮名に改めた。一部、引用元の読み下しを補ったものもある。

1. 著名な註釈書

①神田白龍子（神田勝久、1680 年～1760 年）

『孫子俚言』（1714 年刊）[5]

神田白龍子は江戸の兵学者で、多数の著述を行うのみならず、大名や旗本に招かれて講釈を行い、将軍徳川吉宗から褒美を受けるほど高名であった[6]。その『孫子』註釈が出版されたのは、戦国時代を終わらせた大坂の陣（1614～15 年）から 100 年後のことである。名のある兵学者の仕事に相応しく、施子美『七書講義』、劉寅『七書直解』、黄献臣『武経開宗』、『孫子集註（十家註）』をはじめ多数の参考書から引用しながら妥当な読解を提示し、林羅山の『孫子評判』を牽強付会と真っ向から批判するなど、その註釈は比較的明快で、当時の研究としては行き届いている。分量の面でも、稠密な文字列が、用間篇だけでも 20 頁に及んだ。

白龍子はまず、用間について、「間とは罅隙なり。敵のすきまを見て人を入れて、敵の情をさぐりもとめて知るなり。日本にて忍びのもの或は草なとヽ云の類ひなり」であって、「已むことを得さるの意なり」と位置づける。そのうえで、様々な註釈書から引用する形で間の任務の困難さを説き、間は陰謀の最大のものであるがゆえに『孫子』の末尾に来ている、との指摘を紹介している。

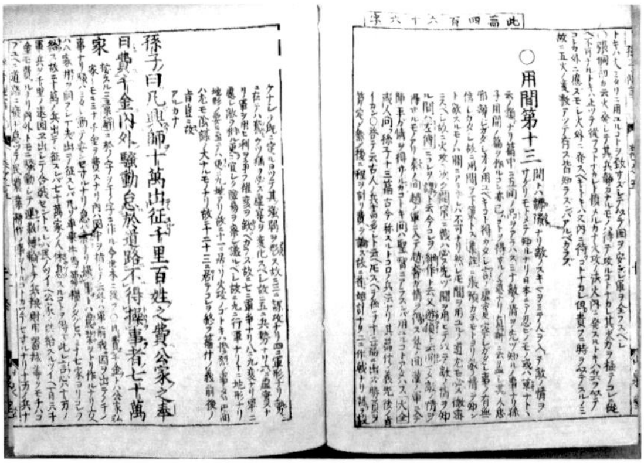
孫子曰凡興師十萬出征千里百姓之費公家之奉日費千金内外騷動怠於道路不得操事者七十萬家

○用間第十三

『孫子俚言』（筑波大学附属図書館蔵）

以下、用間第十三の内容確認を兼ねつつ、彼の註釈から興味深いものを挙げていこう。

『孫子』用間第十三では最初に、戦争という膨大なコストとリスクを要するものが、間のもたらす敵情報によって勝ちうるのだから、それに資源を投入するのを惜しんではならないと力説する。そして、「明君賢将の動て人に勝ち、成功衆に出る所以の者は、先づ知るなり」と端的に述べている。聡明な君主や賢明な将が、動けば他人に勝利し、人々から抜きん出て成功するのは、まず情報を得るからである、と明確に主張したわけである。

これに対して白龍子は、勝利や成功の「所以」が、まさにまず人を用いて敵を知ることにあることに、その要点を見出している。すなわち、「所以の二字醒発せんことを要す見得たり。明君賢将動ひて人に勝つ他あるにあらず、先づ敵を知るの人に取る敵間（ヒマ）あつて我これに投ず、敵間なくして我これを啓くが故なり○間は其人を離間するに止らず、其間隙に乗じてこれを用ゆ、先づ其情を知る、みな間の事なり」。引用した前半の「間」にはあえて「ヒマ」とルビが打たれており、ここでは「敵間」は敵のスパイではなく敵の隙を指す。敵の隙があればそれを衝き、隙がなければ作って――すなわち後述のように、鍵となる人物と主君との間を裂き、反間に仕立てあげて――いずれにせよ、それを利用し、情報をとるというわけである。

かように『孫子』用間篇は、雌雄を決する重要な情報を占いや類推や分析によって得る可能性を斥けて[7]、今日でいうヒューミント（HUMINT=human intelligence）でしか、求める情報は得られないことを強調する。求めるべきは、白龍子いわく「凡そ敵の情と云ふは、利あると害あると、動と静と、表と裏と、虚と実と、強と弱とのたぐひ」なのであり、「蓋し事のすてにあらはれて知るは智人にあらず、物未た来らずして明かによくこれを知り、事々万般を行ふもの、これを良将とも智将とも云へし、しからずんば百戦百勝の功は得がたし」、事が起きる前に早く知って万全の対策を行うことを理想とする。

それには、5 種類の間があるというのが孫子の論であり、白龍子も「凡そ敵人の心腹の謀をさぐり、表裏の事を知んに、この五つの間を用ひずと云ことなし」と受けている。それでは、五間とは何か。郷間、内間、反間、死間、生間がそれであるが、それぞれに丁寧な註釈がなされている。

すなわち、郷間については、「敵の国邑の在々里々の人をだまし近付、金銀貨財をあたへて、敵の虚実強弱の情を内通さするなり」であり、重要なことは、「必す敵をうたんと思ふものは、太平無事の時よりして敵国の里人をなれしたしみ、厚く恩をあたへて敵の動静をうかゝはしむべし、其の国隣国ならば平生の軍政、其主君の行跡、万事の作法、或は其の組々の大将の智謀器量、何れか勇あり何れか仁ありと云ふ凡てを伺ひ知るべし、凡そ時にのぞみ事に逢ては、親しきものゝ言語も信しがたし」だという。つまり、敵国の民衆を騙して親しくなり、金と引き換えに情報を得るのが郷間であり、そうした工作は戦争になってから行うのでは遅く、平時に始めておくべきだとしている。

次に、内間とは、敵の官人（政府内部の人間）を間者にするものであり、「官人とは、敵の国にて万事の司をもしたる者の、賢才あれども職をうしなひ奪れて、只今は用ひられすやうに落ぶれたるものか、或はとがある人の子孫にて親は重罪に行れ、内々憤りをふくんて、人の力らを假らんと心掛るものか、或は国主に何に事によらず怨をふくむものか、或は利欲色欲にをほるゝものか、或は高位高官にあるべきを屈せられて下位に居るの人か、或は万事をさばきて用に立つべきものゝ、すたれて用ひられざるの属ひか、或は其の人詐り多く、真忠なくしてつねに二た心あるものか、加様のものによく賄賂し、我か味方にとりいれて結んて情をかよはして、敵の隠密することを我によく知らしむるやうにすべし、これを内間と云ふ」。ここで彼が杜牧の論を基礎にしているのは明らかであるが、すなわち、どのような国であっても起こりうる権力闘争に着目して、その敗者を籠絡するか、どのような状況であろうが忠誠心などというものとは縁のない、金に弱い人物を利用するかであるというわけである。

孫子が五間のなかで最も重要であるとする（後述）のが反間である。これに対しては、「敵よりの間者を我かための間に用ゆるなり、或は敵より間者きたらば、実をかくして偽りの詞を以て敵方へもらし聞せ、敵をあやまらしめて我れ勝利をうる計をなすべし」と、①敵の間をこちらの間に寝返らせる場合と、②敵の間に偽情報を信じさせる場合との、両様のあることが指摘されている。そして、陶晴賢の間を騙した毛利元就、項羽の間を騙した陳平が事例として挙げられている[8]。

死間については、敵への欺瞞工作であり、露呈した暁には間者は殺されるので死間というと解説したうえで、次のように補足する。「勝久をもへらく、死間とは偽て敵の味方となり、偽て降参或は返り忠し、敵の陣中に居て敵のよき謀をさまたげ、味方の強きことを語り、偽て敵の将卒のよき方便をなさゝふしむるなり、或は敵に密謀計略あれは即ち味方にこれを伝ふ、もし其の事あらはるゝときは忽ちにころさる故にこれを死間と云、古へ楠の正成、赤坂の城を攻んと欲して恩智左近をして白昼に城に往かしむ、これ死間なり、近代慶長年中大坂の一乱に小幡景憲偽て城中に入り、秀頼の味方と号して評定の席ごとに偽りかざつて大坂の方便のよきを妨ぐる、これ亦死間なり、然れども死間の類ひ一にあらす、彼の織田信長の越後を攻んと欲して、兼て間人を越州につかはし、柿崎和泉守謙信にそむいて信長にしたかふと取々にうたはせて、ついに柿崎をころさするのたぐひ、これ亦死間と云ものなり」。

初めにいう「返り忠」とは、主君に背き、敵方の主君に忠義を尽くすことである。死間の事例では、ここでは赤坂城攻めの恩智左近、大坂の陣の小幡景憲が挙げられている。嘘が必ず露呈するとは限らず、殺されるとは限らなかった点で、死間というよりも反間や生間というべきかも知れないが、欺瞞工作を主務とするのが死間であるという面でいえば、確かに死間である。柿崎和泉守というのは、上杉謙信の七手組大将の一人であった柿崎景家のこと。諸説あるが、白龍子は、彼が離間の計によって処刑されたと捉えている。信長を用間が巧みであった例としているのも、興味深い認識である。

最後に、生間について説明する。これも杜牧らの議論を敷衍してであるが、「生間とは、外愚に内明かにして、形あしく心さかんに多能の人をゑらんて、往て敵に説しむ、偽り親んで好みを通し、くはしく其の動静計策を伺つて、反へり帰つて我に告知するなり、反報すとは我か国に返つて敵の虚実動静を我に告るなり、必ず智恵多く口才あつて義を重んずるものをして、往来遊説せしめて敵の情をうかゝひ探なり、戦国の世、蘇秦、張儀がごときこれなり」。

一見してぱっとしないが才知ある人物で､弁舌に長けるというのはともかく、「義を重んずる」かどうかは、なかなか見極めるのが難しいかも知れない。しかし、五間のなかに反間があり、間の裏切りがあらかじめ想定されている以上、任務を全うさせる義の心は必須の項目なのであった。

こうして間の多様性を論じたうえで、孫子は、間は全軍のなかでも最も信頼できる者に任せ、最も手厚く報奨し、最も機密にしなければならないとしている。間はあらゆるところで用いられるため、間を用いる者は見識と人間的魅力と細心の注意を要するのだと。白龍子も、孫子のいうようにしなければ、間が「反つて我にそむいて敵の間人となる」危険性を繰り返し指摘している。

しかも、反間の項で説明されているように、間者自身に裏切りの自覚がなくとも、味方の不利になるように操縦されたり、騙されて誤情報を信じてしまったりすることもある。だから､「万事に通したる聖智にあらすんば、間を用ゆることはなりがたし｣､「凡そ人の心は測りかたし、故に微妙の神にあらずんば、我か間者の虚実を辨じて其の実を知ることあるべからず、我か間と云へども、敵のためにはかられて偽りを以て我に告ることあり、或はよく其の事を伺はずして、たしかにこれを知れりと告るものあり」。

逆にいえば、こちらから仕掛ける工作で最も重要であるのは、敵間を自軍の反間に変えることである。孫子は、そうして招き入れた反間こそが、工作の鍵となるとしている。白龍子は、自軍の間者を上手く使うのに「百万の金をもをしまずしてあたふる」くらいしか手立てを示していないが、ここで敵間を反間とするにあたっても､「厚利をもつてあざむいてとヽめ置て、留ること久しき内にいろいろにして反間に用ゆべし」という程度にしか語らない。相手次第で柔軟に対応すべき事柄であって、それこそ、聖智にして微妙でなければ分からないというところであろうか。

ともかく孫子は、間を最重要視し、間の仕事は君主あるいは主将が自ら知るのでなければならず、特に反間が要となるからこれを手厚く遇さなければならないとした。伊尹や呂尚のような上智を間者として用いることが大功の基であって、間は戦争の枢要であり、それを恃みにして全軍が動くのだと。ここは本稿の要点となるので、白龍子の読み下しで『孫子』の本文も引いておこう。

五間の事、主必ず之を知る。之を知ること必ず反間に在り。故に反間は厚ふせずんばあるべからずなり。昔殷の興るときに伊摯夏に在り、周の興るときに呂牙商［殷］に在り。故に明君賢相よく上智を以て間者と為し、必ず大功を成す。此れ兵の要、三軍の恃んで動く所なり。

旧稿でとりあげたように、伊尹や呂尚のような「聖人」が間であったというのは、人のあるべき道を唱える儒者たちには受け入れがたいことであり、猛烈な反発を見せた。白龍子も、これは孫子の比喩表現にすぎないとの理解に止めている。「敵の情を知り間を用ゆるの実を得るがゆへに、こゝに引てこれを用ゆるなり、湯王、武王は仁義の人なり、伊尹、呂牙は王者の佐なり、間人なとにすべきにあらず」。比喩よりもともかく大事なことは、反間こそが用間の要となり、用間こそが戦争の要となることなのであった。彼は総括する、「此の篇つぶさに反間の情状を尽す、これを篇の終りに置くもの以て首篇と相応するにたれり、亦兵を用ゆるの要務なり、但たよろしく伊摯を引て証となすべからず妄りに聖人を謬ることを免れず」と。

2. 泰平のなかの模索

②関五龍（関重秀、生没年不詳）

『孫子正義』（1813 年刊）

関五龍は加賀の前田家に剣術指南として仕えた人物と言われるが、詳らかにしない。ほかには、同じ 1813 年に出版された『騎士用本』——実際の戦闘での武具馬具の使い方を記した書物——で知られるのみである。『孫子正義』の序では、泰平の世の兵学が空言に陥っていることを批判し、『孫子』を読み解く意義を強調しており、実戦に用いるに足る兵学を追求していたと見ることができよう。そのことは、用間篇についても、良くも悪くも当てはまる。

五龍は用間第十三の冒頭、「用間は兵の神紀、人君の宝なり。間中之奇は反間に在り、間之成功は聖智に在り。夫れ始計に於ても必ず間の用有り。始計に詭道と曰ひ、虚実に無形と曰ひ、用間に微妙と曰ふ。間用ひざる所無し。故に始計、虚実、用間、凡そ此三篇は用兵の至要なり。李靖用間を以て下策と為す。其れ或は李将の詭道か量べからず。用間は実に兵法の神策なり」と、用間篇の意義を端的に述べている。

つまり彼は、①用間は重要であるが、なかでも大事なのは反間であり、間の成功は聖智にかかっていると、用間第十三の要点をまとめるのみならず、

②用間の大切さは用間第十三だけでなく始計第一や虚実第六にも現れており、この三篇は特に用兵の要であると、『孫子』全篇を通じて用間が根本的に重要であることを指摘したうえ、③唐の名将・李靖は用間を下策であるとしたが、それは李靖の詭道であるかも知れないとの独特の言い回しで、間の意義を印象づけている。ここで下策問題が浮上するのである。

武経七書の1つ『李衛公問対』は、唐の第2代皇帝・太宗李世民と股肱の臣・李靖との問答という形で書かれた兵書である。李靖がそのなかで、『孫子』をよく読むと用間は下策であり、なぜなら水がよく舟を載せることもあれば、舟を覆すこともあるように、間を用いて成功することもあれば、間を恃みにして衰亡することもあるからだと語ったとされることは、用間篇解釈上の1つの争点となった。李靖は名将として知られたのみならず、彼の『孫子』読解は非常に優れたものであるという評価もあったため、間は重視すべきではないという見方を支える有力な論拠となったからである。

だが、下策を、拙い策だから採るべきではないとするのが普通の語釈だと解したうえで、しかしだからこそ採るという判断に兵法の妙があるとすれば、五龍の理解には一理ある。これが、李靖が太宗から、突厥との戦いで死間を用いたのではないかという疑いをかけられたことに対する回答であったことを考えると、確かに、李靖の詭道――聞く者を騙すというより、勝つために千変万化してこだわらないという本来の意味での詭道――というのが妥当であると言いうるからである。

『孫子正義』では、例えば「兵法の成功は間事に止む（兵法が成功するのは間次第である）」という具合に、個々の註釈は往々にして簡潔である。それらのなかでも、『孫子』の「必ず人に取て敵の情を知るなり」に対して「兵法は空理に依らず」と、註釈というよりは念を押していることが目を引くが、これは先に触れた序文での、泰平の兵学批判に繋がっている。また、反間については偽りをもって敵間の報告を誤らせることであるとし、死間については特に、昔、敵国の同盟国と裏では通じているかのごとき偽の書状を間者に持たせたうえで、敵の手中に落とし、殺される前にそれを処分させたことがあった――敵は、そのあと何とか復元した書状の内容を信じるであろうから――という事例を丁寧に紹介している。

間のなかで最も大事な反間については、さらに詳しく検討している。「夫れ敵を間すれば敵も亦我を間す。其の敵間を知るや、亦吾間の索知に在り、即ち是れ吾間をして必ず之を索知せしむるなり。故に五間中、敵間の我を間するを索めること、先務なり。是を以て先ず反間の事を謂て曰く、必敵の間を索めて其間に因りて之を利し、其間を引きて之を止む。或は曰く、之を利すとは金貨の類か。曰く、敵之れを用て間と為する、豈漫に利を貪んや、蓋し之を利するは我不精の事、或は敵間の聞んと欲するもの、見んと欲するもの、財の與へんと欲するもの、我其の欲に因りて之を利すなり」。つまり、こちらが間者を用いて敵を探るのと同様、敵も必ず間者を用いてこちらを探るから、まずこの敵間を探し出すのがこちらの間の仕事である。そのうえで、見つけた敵間を止めてこちらの反間にするのだが、その際、金で買収すれば良いというのでは考えが足りない。その間が何を欲しているかを見極めて対応しなければならないのだと。

伊尹や呂尚が実際に間であったか否かという問題については、五龍も、用間が如何に高度な事柄であるかを示すために彼らの名が用いられたと捉えている。ともあれ、実戦で間を用いることを実戦から離れてただ考えていくと、特に反間は至難の域にあると結論づけるほかなかった。彼は、『孫子』の「五間之事、主必之を知る。之を知るは必ず反間するに在り」を、自軍の間を君主あるいは主将が直接用い、その際には反間が起点になる、という通説のようには捉えない。逆に、敵軍の間を君主あるいは主将が知っておかなければならず、そのためには反間が要になると読解する。敵に対して間を用いる話だったはずが、敵間を如何に防ぐかの方に終始させてしまうのである。

こうして五龍は、敵の間者を見つけるためには反間がいるが、その反間になるべき敵間をどうやって見つければ良いのかという循環論に陥ってしまう。しかも、「敵の五間来て我を間するに之事主必ず知り之を索むべし。人に致さるべからず、其の敵に間せられざることは則ち虚実の妙に在るなり」、「敵の間たることを知るは、要は反間するに在り。或は之を詭道と謂ふなり。反の又反は妙中の妙」。間の活動を防ぐために敵間を見つけようとすると、反間が必要になるが、反間はさらに反・反間にもなりうる。彼はその機微を、「虚実の妙」や「妙中の妙」の語で表現するが、どのようにすればそうした「妙」を使いこなせるかは示すことができなかった。

つまり、孫子がいう通りに反間を重視するあまり、五龍の註釈では、反間の困難性が大きく浮上することになってしまったのである。彼は警告する、「敵の間たるは必しも庸人にあらず。故に反間の事は浅薄の術にあらず。四間倶に難しといへども吾用ふべきの人を得て之を用ふ。反は敵人の智者にしてしかも之を用んとす。自ら反したりと為して却て彼の術中に随つべからず」。

ほかの五間とは違って、反間はこちらで人選するのではなく、敵の智者たる間を用いようとするものであるから、かえって敵に騙される惧れもあると。

五龍の考察は、ここまでで止まっている。この「敵人の智者」と相対するのは、こちらの「虚実の妙」や「妙中の妙」ということになろうが、泰平の世にありながら実戦に役立つ兵学を求めた五龍にとって、それ以上は踏み込みえないし踏み込むべきでもない、理論を超えた実践の領域にあったということであろう。間にまつわる至難を論理だけで解こうとすると、かえって間を用いる方が危ういという議論に繋がり、間は下策である、だから無用であるという話に結びつきうる。下策問題をとりあげながらも真に受けず、反間問題が下策論に行き着く前で踏み止まったのは、それが正しい解であるかは別として、1つの見識であったというべきである。

③桜田簡斎（桜田迪、1797～1876年）

『古文孫子略解』（1852年刊）

桜田家の所蔵にかかる『古文孫子』が、果たして『魏武註』よりも古く原型により近いのかどうか、といった考察は、用間篇に関してさほど実質的な意味がないので（文章に相違はあるが大きく意味を違えない）、ここでは立ち入らない。桜田簡斎は仙台の伊達家に仕えた人で、兵具奉行や藩校養賢堂の指南役を歴任した。

『古文孫子略解』間篇第十三は、次のような説明から始まる。「此篇は間を用ひて敵情を探索するを云、凡て戦は先敵の情実を知らざれば五事七計の経常の策を決すべからず、又敵情の隠微を探り知らざれば詭道の変詐をなして権を以て勝を制する能はず、然らば用間は七計の先達速勝の媒にして、用兵の一大関係する所ゆへ別に一篇となして論する所以也、不可不謹察為」。すなわち、敵についての情報がなければ戦略を立てようがないし、千変万化して主導権をとることもできないから、用間について別に1つの篇があるのだとしている。

以下、簡斎の註釈書は、「略解」というだけあって『孫子』全文を逐次註釈することをせず、例えば冒頭であれば「孫子曰至非戦之主」というように、適宜拾いあげながら論じている。この箇所に対する註釈は、「用間の大意をとく、此節及次節は間の必用ひさるべからざるを極言して下文用間の法をとくを起す、此は間を用ゆるを知らざるものを譏り以て間の必用ゆべきを起す」といった具合である。先行研究たる『十家註』などにはあまり触れず、秘伝の『古文孫子』を自家薬籠中のものとして、全体を俯瞰して捉える姿勢が窺えよう。

これに続いて、間には5つの種類があり、それらが同時に活動することで他の人間にはどうなっているか分からなくなる、「是れを神紀と為す、人君の宝なり」と孫子が解いていることに対しては、「此は用間に五通りありて密を貴を云」、「如此き将は容易にあらぬ珍らしき人なるを云て、将たるものにこれをなすを責望する意あり」と、孫子の狙いは、間を用いる人間に対して高い要望を示すことにあると読み解く。『孫子』の文言を額面通りに受けとめるのではなく、文言の裏の意図を捉えようとするのである。

このあと、五間のくだりは「郷人は敵地の郷人也、官人は敵方の役人也、敵間は敵より入るヽ間者也」と通説と変わらぬ説明が続くが、死間についてはやや変わる。というのも、武経本などの普通用いられているテキストでは、「誑事を外に為し、吾が間をして之れを知りて敵に伝へしむる」とあるのを、『古文孫子』は、「敵に委ぬ」とごく簡潔に記しているからである。簡斎いわく、「委敵とは敵中へ棄るの義にて、我間を敵に殺させて計る也」。欺瞞工作の結果死ぬという通説以上に、死ぬことが間の不可欠の要素となっている。ただし、命を使った計略という意味では、普通にいわれる死間と大差はない。簡斎によれば、『今文』(武教本など、『古文孫子』とは異なる通用のテキストを彼はそう呼ぶ)は正しくないし、反間の重要性を説くくだりの「是れに因りて之れを知る、故に死間誑事を為して敵に告げしむべし」と重複しているし、文法的にも浮いている。確かに、

郷間は、其の郷人に因りて之れを用ふ。
内間は、其の官人に因りて之れを用ふ。
反間は、其の敵間に因りて之れを用ふ。
死間は、誑事を外に為し、吾が間をして之れを知りて敵に伝へしむるなり。
生間は、反りて報ずるなり。

と並べてみると、死間の説明だけ、文章の釣り合いがとれていない。もともとは「死間は、敵に委ぬなり」であったと考えた方が、適切であるようにも見える。だが、釣り合いがとれていないからこそそちらの方が原文に近く、適切に見えるようになったのは後世の添削が入ったからだ、ということも可能である。なお、20 世紀に銀雀山で発見された竹簡孫子は、『今文』よりも

古い別系統のテキストであるが、当該箇所は欠落している。しかし、『古文孫子』の文字数（「委敵也」の 3 文字）では、竹簡の欠けた部分に入るはずの字数よりも 5 文字程度少なくなってしまう[9]。

『古文孫子略解』は、真偽のほどはともかく『今文』以前の『古文孫子』に依拠するとしたがゆえに、先行研究の内容にこだわりすぎずに『孫子』を検討しようとする、独特の註釈書となった。用間篇に関しては、一歩退いて過大評価を避けようとする姿勢が窺えるが、かえって、反間に対する考察が深まらなかった憾みはある。

「間は洩れてならぬものゆへ将自ら使て大事を共にする也。極めて親しくせねばならぬ也。間は敵中へ入て危難を歴て一大事を仕おほせねばならぬものゆへ骨の折るゝこと血戦の士より甚し、賞厚ふせざるべからず」、「将たる人必五間を知らねばならぬ、其知には反間をちなみにせねばならぬゆへ厚く手当して手に付ねばならぬなり」といった註釈は、間の重要性に鑑みて大事にするというに止まっており、あたかも間には反間の危険性があることが念頭にないかのようである。

なお、伊尹と呂尚が間者であったか否かについては、簡斎は「経伝にみる所なしといへども、孫子は伊尹の五就於湯五就於殷とあるゆへ間と云たもの也」（伊尹は五度湯王の側に就き、五度殷の側に就いており、何度も両陣営を往復する形で間――簡斎は間としかいっていないが、間として単に行き来しただけであれば生間、何度も寝返ったのであれば反間――として機能したと見なせる）と述べ[10]、こだわることではないということで済ませている。

3. 幕末の『孫子』註釈熱

④佐々木琴台（佐々木仁里、源世元、1744～1800 年）

『孫子合契』（1855 年刊）

1853 年に浦賀を訪れたアメリカの使節ペリーは、翌年早々に再来航し、日米和親条約の締結に至った。その後、列強との間で同様の条約が次々に結ばれ、時代は大きく動き出したのである。半世紀前に世を去った佐々木琴台の註釈書が刊行されたのは、そのような最中の 1855 年のことであった[11]。琴台は近江で代々兵学を伝えた家の出身で、山鹿素行や荻生徂徠らの古学の立場をとったという。すなわち、朱子学や陽明学を批判して、経書の真意を直接読み解こうとしたわけである。『孫子』を読むにあたっても、ほかの文献を参照したうえであるが、必ずしも通説にこだわってはいない。

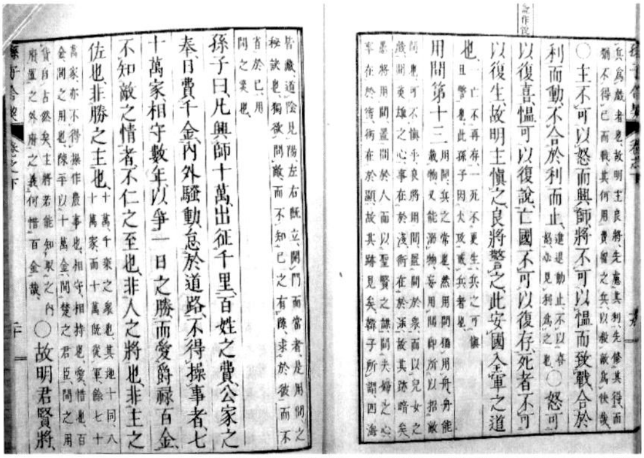
○主不可以怒而興師、將不可以慍而致戰、合於
利而動、不合於利而止、○怒可
以復喜、慍可以復説、亡國不可以復存、死者不可
以復生、故明主愼之、良將警之、此安國全軍之道
也、
用間第十三
孫子曰、凡興師十萬、出征千里、百姓之費、公家之
奉、日費千金、内外騷動、怠於道路、不得操事者、七
十萬家、相守數年、以爭一日之勝、而愛爵祿百金、
不知敵之情者、不仁之至也、非人之將也、非主之
佐也、非勝之主也、
○故明君賢將、

『孫子合契』(筑波大学附属図書館蔵)

『孫子合契』は語釈を中心とした比較的短い註釈からなっており、用間篇も5頁ほどで終わる。例えば肝心要の反間については、「敵間の来て我を間ふ者によりて之を用ふなり」といった具合で簡潔である。しかし、なかには興味深い註釈も少なくない。

例えば同じ五間のことでも、死間の説明では、「死は殺すなり、敵間をして殺さしむなり、誑事を外に為し、吾間をして之を敵間に伝はしめ、敵間乃ち復た報じ、而して其の事違ふ、則ち敵必ず其の間を殺す、即ち殺さずして是れ死間の義なり、我が誑事既に成る、則ち其の殺す殺さざると、則ち必ずしも問はざるなり」と順を追っていて、丁寧である。これは、間の対象によって分類された郷間、内間、反間と違って、間の機能・方法で呼ぶ死間という概念が、やはり理解困難だったからであろう。しかも、死間は機能・方法によるものなので、実際に殺されるか殺されずに済むかは問題ではないことまで補足してある。

生間に対する註釈も面白い。「生間は、敵間をして生かしむなり、既に敵間知る、而して之を告げて正すを以て、其の復た報ずるを以て後計を為す、敵乃ち其の間を疑ひ、是に於てか其の間主に反て我に報ずるなり」。すなわち、生間は死間の正反対で、敵間を生かすやり方だという、あまりほかで見ない説明を加えている。情報を得た敵間を生かし、疑われた敵間はこちらに情報をもたらす。それを孫子は、「生間は反りて報ずるなり」と表現したというわけである。正しい捉え方ではないかも知れないが、五間をすべて敵とのかかわりで説明し、また、生間を特に死間との対で位置づけている点で、理論的に研ぎ澄まされた議論とはいえよう。

こうした切れ味鋭い註釈が随所にみられる点で、『孫子合契』の用間論は、際立っている。孫子の、聖智でなければ云々という論に対しては、「既に間の報を得る、則ち観察以て其の契と合し、而して後其の実を得べきなり、故に微妙に非ずば其の実を得る能はざるなり」と補っている。間がもたらす情報を鵜呑みにせず、正否を見極める過程があることを明示しているわけである。

また、用間の情報が漏れた場合は皆殺しにするという論には、「間は審かなるを以て妙と為す、若し間事泄れば、則ち速かに其事を変へ、以て其の跡を消す、故に皆死は軍律の言のみ、智者は間事を以て人を賞ず、亦た間事を以て人を罰せず、賞罰の名、死生の形、深智に非ずば行ふ能はざるなり」と捉え、実際には必ずしも皆殺しにするのではなく、間事を変更して痕跡を消すのだとしている。間は表立った賞罰の対象ではないというのは確かにその通りで、皆殺しなどすればかえってそこに用間がかかわっていたことを露呈させてしまいかねない。

五間の説明としては簡潔だった反間についても、孫子が反間の重要性を重ねて述べたくだりではもう少し丁寧に補足を加えている。「是れは、反間を指すなり、期の如く其の反報に謂ふ、我と相期すが如きなり、五間の事、主将すべからく必ず之を知るべし、而して之を知るは反間に在り、故に反間厚くせざるべからざるなり」。反間こそが重要なのだということを捉えられぬ註釈もあるなかで、琴台は要所を損なわない。

そして、これらの註釈のなかで一番目を引くのが、実は用間篇の冒頭にあがっているいささか長めの解説である。「用間は、兵の常なり。然るに用間は猶ほ用舟、舟は能く物を載せ、又た能く物を溺す、妄に間を用れば即ち敵間を招く所以なり、慎まざるべきや、良将の間を用ふ、間を衆に置き、児女の戯を以て、英雄の心を間す、事浅きに在り、術深きに在り、故に其の跡暗し、愚将の間を用ふ、間を人に置き、聖賢の謀を以て、夫婦の心を間す、事密に在り、術顕に在り、故に其の跡見ゆ、韓子謂ふ所の、四海既蔵、道陰見陽、左右既立、開門而当、是用間之秘訣なり、独り敵を間するを欲して、己の隙有るを知らず、彼に求めて己を省みざるは、用間の災なり」。

李靖とは少し違えて舟の譬えが用いられているが、問題となっているのは、ここでも下策論である。簡単にまとめると、つまり用間は戦争の常道であるが、下手に間を用いれば敵から反間に利用されるだけなので、慎重になるべきである。『韓非子』揚権第八が、君主は本心を表に出さずに群臣に任せ、受身で信賞必罰に徹すれば良いとしたように、大それたことは控えて動きを見せず、様々なところから情報が入ってくるようにすれば良いし、事も露顕しにくい。敵から情報をとることばかり考えて、己に隙があるのに気づかなければ禍となる、というのである。かくして『孫子合契』は、下策論を突き詰めて無用論に至るのでもなく、逆に反間の危険性を省みないのでもなしに、実際的に慎重な用間のありようを模索した。惜しむらくは、琴台その人について詳らかでなく、彼の兵学がどのようなもので、どのような背景から用間を論じたのかが分からないことである。

⑤伊藤鳳山（伊藤馨、1806～1870年）

『孫子詳解』（1862年刊）

1862年ともなれば、もう完全に幕末維新の動乱期である。安政5か国条約が結ばれ、安政の大獄では『孫子評註』の著者吉田松陰が処刑されている。伊藤鳳山は出羽出身の学者で、医師の家に育った。蛮社の獄に連座した渡辺崋山に認められて、崋山の地元・三河の国田原の藩校成章館の教授を務め、江戸そのほかで塾も開いた。琴台と同じく彼も古学を支持し、数多くの著作がある。兵書だけでも『呉子詳解』『司馬法略解』などいくつもあるが、なかでも『孫子詳解』は鳳山の主著であり、最も力を注いだという[12]。『詳解』の名に相応しく、用間篇だけでも25頁にわたっている。

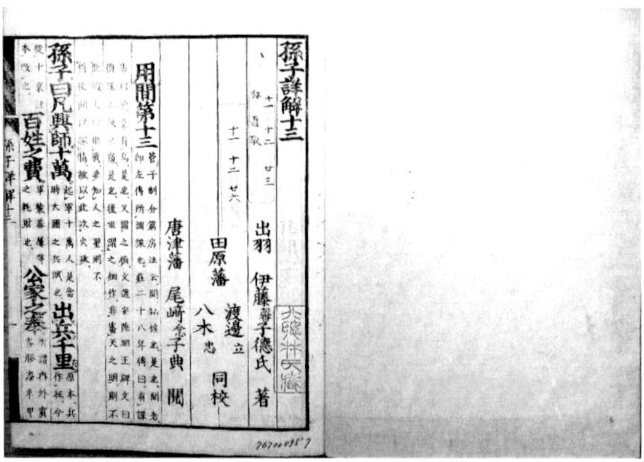

『孫子詳解』（筑波大学附属図書館蔵）

実際、鳳山は黒船来航を受けて尊王開国論を唱える一方で『孫子詳解』を準備したが、1855年の安政の大地震を受けて出版計画は頓挫、その後、各地を遊歴するなかで自ら購入の予約を募り、ようやく出版にこぎつけている。その特徴は、『春秋左氏伝』をはじめとした史書を多く用い、歴史に照らして詳しく解釈していくところにあった。

鳳山は用間第十三の冒頭、『管子』に続いて『左伝』を引き、荘公28（紀元前666）年の「諜有り告て曰く、楚幕烏有りと」のくだりの「諜」が間であるとしている。つまりこの年、楚の軍に攻めこまれた鄭の軍が退こうとしたところ、諸侯の介入を嫌った楚軍の方が先に退却していた、ということがあった。鄭軍はそれを知らずにいたが、間者が報告して、楚軍の陣には烏がとまっている（だからもぬけの殻である）というので、撤退を取り止めたという事例である。

また鳳山は、用間第十三が火攻第十二の次にあるのは、火攻めを戦争の役に立てるには敵情を探る必要があるから、この順序になっているのだという説をとっている。

孫子が最初に用間の重要性を説いたことに対しては、『左伝』に依拠して、晋の国と虢の国が攻防を繰り広げ、最終的に晋が虢を滅ぼしたが（ついでに虞の国も滅ぼされた、「唇滅びて歯寒し」の逸話で知られる）、それまでに14年もかかったと述べる。そのような長い戦いを避けるべく、爵禄百金を惜しまない孫子は、正しいというわけである。

五間についても、『左伝』から事例をとっている。郷間は、斉の景公が、魯の国から賄賂を受け取ることを特に禁ずる命令を出した逸話を引く。すなわち、昭公26年（紀元前516年）、魯の昭公が権臣たちに国を追われて斉の国に亡命してきたので、景公は昭公を擁して大いに魯の国を攻めようとし、魯が買収策で政策を変えさせようとするのを防ごうとしたのである。ただし実際には、巧みに籠絡された家臣の言葉を真に受け、中途半端な出兵に止めてしまっている（かくして景公は、宰相の晏嬰に政治を任せたのは良かったが、それだけに終わった暗君とされることが多い）。

内間では、鳳山は、僖公24〜25年（紀元前635〜636年）に、衛の国が邢の国を攻めるに先立ち、禮至に偽って仕官させ、廷内で有力な家臣を暗殺させたことを挙げる。また、莊公8年（紀元前686年）に、斉の連稱と管至父が襄公に謀反しようと、先代僖公の甥を擁して襄公の身辺を探らせた事例も引いている。

反間の説明で挙げる例は、宣公14〜15年（紀元前594〜595年）の話である。楚軍が宋の国を包囲したとき、晋の景公は、宋が降伏しないように援軍をすぐ送ると伝えようと、解揚を派遣した。しかし解揚は捕らえられ、楚の莊王から逆のことをいうよう強要されている。鳳山は、これは解揚を反間に仕立てようとしたものだという。

死間については、文公13年（紀元前614年）、秦の士會を晋に招いた話を挙げている。士會はもともと晋の人間であったが、秦に仕えて晋の国を苦しめていた。そこで晋は、魏壽餘に邑ごと秦に寝返りたいと申し出させ、その段取りのためと偽って士會と一緒に帰国させたのである。

最後に生間では、僖公25年（紀元前635年）、晋の文公が3日分の兵糧の用意を命じて、兵士たちに原の国を包囲させた一幕をとりあげている。3日経っても原軍が降伏しなかったのを見た文公は撤退を命ずるのだが、このとき、敵情を探った「諜」が原はもう降伏すると報告したことを、生間の例であるとした（結局文公は、原の国を得るために3日分と命じた民の信を失ってはならない、信は国の宝だとして、退いている）。

以上の五間の解釈については、少なくとも事例の選択に、相当の疑問が湧いてこよう。郷間の例では、君主に進言できるほどの人物を買収して政策を変えさせているのだから、郷間というよりは内間に当たろう。また内間では、禮至はわざわざ敵の政権内部に潜入して暗殺を成功させているのだから、敵政府の人間を寝返らせる内間とはいいがたい。連稱と管至父が襄公の身辺を探らせたのは内間かも知れないが、そもそも君主一族の骨肉の争いに発展しているのだから焦点が合わなくなる。

反間に関しては、解揚が本来の任務の逆を強制されたのを反間の仕事だと捉えるより、もともと援軍を送る準備のなかった晋の死間と見るのが先ではないか。死間についても、魏壽餘は敵地に乗りこみ、命がけでひと芝居をうったとはいえ、命を使うことで事を果たそうとしたわけではなく、生還しなければ任務を果たせなかったのだから、やや話がずれる。生間の例として挙げた「諜」だけは適切であると思われるものの、そもそもこの類の生間は用間の基本であって、いくらでも例があろう。

『左伝』は鳳山の得意とするところで、全篇通しの講義だけでも13回も行ったというのだから[13]、例が適確でないのは外に歴史の事例を知らなかったからではなく、用間の理解の方に不足があったからであろう。裏を返せば、用間の具体的な中身はそれくらい把握しがたい事柄であり、歴史にその実例を求めた鳳山の試み自体には大いに意義があったということかも知れない。

とはいうものの、鳳山の理解は、こと用間篇に関する限りやはり大雑把に流れており、問題は五間の把握だけに止まらない。引き続く箇所で鳳山は、用間は重要だが微妙であるとし、楚の荘王が解揚を反間に仕立てられなかったように、人をよく知らなければ失敗すると指摘する。五間のなかで反間が最重要であることについては、「覇兵術数之先務」であり、敵の間が潜入してくる害が大きいからこそ、それが寝返って味方の間となるのは、禍転じて福となすの最大であるから、孫子もほかの篇に比して用間篇を最も詳細丁寧に説明しているのだと。鳳山のこの説明は間違いではないが、しかし、反間は得られれば幸いだという意味合いになってしまい、反間こそが用間の起点になるという肝心の部分から焦点が逸れてしまっている。

なお、鳳山は、李靖が用間を下策だとしたことに対しては、よく用いることのできない者のためにいっただけだと理解している。なぜなら、相手がこちらに間を使うのであれば､こちらも相手に間を使うほかないからであると。たとえ下策となる可能性があったとしても、敵への対抗上、用いないわけにはいかないというわけである。また、伊尹や呂尚が間を務め、寝返りを行ったことについては、とりとめのない話で論じるに足りずとしながらも、先行研究を詳しく紹介し、つまるところ悪を伐っただけだと擁護した。

⑥犬飼松窓（犬飼博、1816～1893年）

『孫子活説』（1865年刊）

犬飼松窓は備中の篤農家で､独学で荻生徂徠らの説に学び､晴耕雨読の日々を送るかたわら、私塾・三余塾で教育に取り組んだ。門弟のなかに、後に首相となる犬養毅や実業家の大原孝四郎がいたことが知られている。諸藩からの招請は断っていたというが、1868年以降は、倉敷の天領にあった教諭所や岡山の師範学校で教えることもあったようである[14]。

『孫子活説』は松窓の著述中、唯一出版されたもので、基本的には諸家の註釈を折衷したうえで、それらを踏まえた彼自身の理解が記されるという形をとる。例えば、用間第十三の冒頭では、曹操の「戦は必ず間諜を用ひ、敵の情実を知る」を引き、続けて「是れ勝ちを制する第一の妙法、間に過ぐるなし。故に之篇を末に置き、以て之を結ぶ」と記して胡梅林に依拠しながら、『孫子』十三篇の最後に用間篇があるのは、その重要性のゆえであると位置づけるといった具合である。

以下、個々の註釈については、張預や杜佑、胡梅林の説を引いて、簡潔に要点をまとめている点は評価できるものの、用間篇については特に折衷だけに止まっている。強いていえば、最後に次のようにまとめている点は、やや目を引く。｢博曰く、孫子十三篇、篇次循環の窮り無きが如し。勝を制する第一の用間を以て之の篇末に処く。篇首始計と相対す。以て全篇の大照応を為す｣。すなわち､『孫子』の篇目の全体は循環しており、勝利の要となる用間篇を末尾に持ってきて、冒頭の始計篇に対応させている――情報を扱った篇から戦略を扱った篇へと戻る――というわけである。ほかの論者の指摘に見られないことではないが、同じように論じていない註釈も多いので、松窓の理解ないし先行研究から取捨する適切さを示すものではある。

むしろ、『孫子活説』の個性は、内容それ自体よりも、書き手が農民出身であったことにあるというべきかも知れない。医師であった鳳山を含めて、本稿で扱ったほかの論者たちは、基本的にみな武士か武士に近い世界に生きていた。しかし松窓だけは、そこから一線を画する立場にあった。それでもなお、わざわざ版を組み、幕末に『孫子』註釈書を世に問わずにおれなかったのである。序文にいわく、開国後、不測の事態への備えが求められており、「兵を用うるの利害、時に臨むの機宜、素より構ぜざるべからざるなり。余聊か此書を籍り、以て国家恩分の萬一に酬いんとす。此れ匹夫憂国の一端のみ」。

『孫子活説』では、註釈の嗜みとして、目前の危機に対する直接の言及は為されていない。今回ここまで見てきたほかの註釈書と同じく、純粋な註釈に徹した書物である。しかし、五龍が泰平の世の兵学を批判し、琴台の註釈書が没後半世紀を経て日米和親条約締結の翌年に刊行され、鳳山が尊王開国論を唱えながら自著の出版のために奔走したのと同様に、松窓もまた、幕末という危機の時代であったからこそ、自ら『孫子』の註釈書を求めたのだといえる。用間篇にはさして見るべきところがないとはいえ、天下大乱に臨み、『孫子』の読解によって国を救う道を見出さんとする人々の思いの広がりを、松窓の書物は示しているのである。

おわりに

以上、『孫子』用間篇について、18 世紀初頭の高名な兵学者神田白龍子と、その 1 世紀後、泰平が綻びを見せ、危機の時代へと向かった時期以降の関五龍、桜田簡斎、佐々木琴台、伊藤鳳山、犬飼松窓ら、併せて 6 人の、比較的個性的な註釈書で見てきた。

彼らの長短を、用間篇に関する限りでまとめるならば、先行研究をよく踏まえて註釈の水準をあげた白龍子、実践性を追求しつつ理論的な隘路を回避した五龍、孫子の真意を読もうとして議論自体は深まらなかった簡斎、通説とは異なるが正否は別として理論的には研ぎ澄まされた琴台、歴史の事例を豊富に当てはめて原義を探究した鳳山、危機の時代にあって『孫子』に活路を求めた松窓、となろう。

限定的な評価に止めた松窓は措くとして、残る5人の註釈者は、いずれも戦争における用間の重要性だけでなく、困難性や、孫子が特に反間を重視していたことについて論じている。殊に、間者を逆用する反間は、用間の有効性を損なわせる概念であり、用間の困難性に結びつきえた。武経七書の1つ『李衛公問対』に用間の下策論が記されていたことも、用間の難しさに目を向けさせる理由となった。反間問題と下策問題という関連し合う命題をどう考えれば良いのか、楽観と悲観の間で、註釈者たちはそれぞれの解答を示すことになったといえよう。

このうち、最初の白龍子は、反間こそが戦争の要であることを強調したものの、反間が問題となることには注目しなかった。五龍は、反間問題と向き合ったが、下策問題は真に受けず、理論を超えた実践に「妙」があることを指摘した。簡斎は、白龍子以上に、反間問題を念頭に置かなかった。琴台は、反間問題から下策問題へと議論を展開したが、無用論には陥らずに、慎重な用間を模索した。鳳山は、反間こそが重要であることにさほど立ち入らず、下策問題についても敵が間を用いる以上は味方も用いるほかないという程度で回避している。どの註釈者も、反間問題と下策問題、それぞれの捉え方に差がありながらも、用間そのものの否定には至ることなく、いかにして役立てていくかを考えたわけである（もっとも、『孫子』が用間を重視しているのが明らかであることもあり、その註釈を一書にまとめようとするほどの著者が用間を否定しにくいのは、当然のことかも知れないが）。

ところで、近代西洋の著名な軍事理論家といえば、カール・フォン・クラウゼヴィッツ（Carl von Clausewitz）であるが、彼はインテリジェンスを全否定するものではないにせよ、有名な「戦場の霧」の議論にもあるように、悲観的、消極的な面を持ち、往々にして逆効果であるとさえ論じている[15]。その意味では、反間問題と下策問題は、『李衛公問対』だけのものでも、江戸時代の兵学だけのものでもない、より一般性を有した問題というべきかも知れない。間が死命を決しうる重大なものであるからこそ、その積極的な意義に目が注がれるとともに、真摯な考察からは懐疑も生じたのである[16]。

註

[1] 森田吉彦『兵学者吉田松陰　戦略・情報・文明』（ウェッジ、2011 年）、同「日本における『孫子』用間篇の註釈　反間という難問をめぐって」『情報史研究』第 4 号（2012 年）、同『吉田松陰『孫子評註』を読む　日本「兵学研究」の集大成』（PHP 研究所、2018 年）。
[2] 代表的な研究として、例えば、山口正之『忍者の生活』（増補版、雄山閣出版、1969 年）、山田雄司『忍者の歴史』（KADOKAWA、2016 年）、深井雅海『江戸城御庭番　徳川将軍の耳と目』（中央公論社、1992 年）、がある。
[3] 森田吉彦「用語解説　『孫子』」『情報史研究』第 4 号（2012 年）。
[4] 山田『忍者の歴史』、特に第 2 章。
[5] 筑波大学附属図書館にて 1728 年跋版を閲覧。以下、本稿でとりあげた註釈書はすべて同館で閲覧した。なお、以下で引用する 3 枚の画像については、同館から使用許可を得ている（筑大学ア参第 20-37 号）。
[6] 福永酔剣『日本刀名工伝』再刊（雄山閣出版、1996 年）191-192 頁。
[7] 本文ですでに触れているように、用間篇以外では、占いはともかく類推や分析を否定しているわけではない。しかしながら、類推や分析から得られるのは敵によって操作された情報であるかも知れず、そうでなくとも並の情報にすぎないのであって、勝敗を分けるような決定的で正しい情報を得るのは用間による、というわけである。
[8] 反間の本来の義は①であるが、②の事例が後世数多く入り混じったことに関しては、松島愛「『十一家注孫子』用間篇における「反間」の解釈について」『中国哲学』第 39 号（2011 年）。ここで白龍子があげている 2 例も、ともに②である。
[9] 河野収「銀雀山漢墓竹簡孫子兵法研究：火攻篇・用間篇」『防衛大学校紀要』第 46 号（人文・社会科学編、1983 年）243-245 頁。河野自身は、文章を比較したうえ、『竹簡孫子』にも「委敵也」が入るのではないかと推定している。
[10] 黄献臣の『武経開宗』にも同様の指摘がある。なお、『孫子』よりも成立年代は後になるが、『鬼谷子』忤合第六には、「故伊尹五就湯、五就桀、而不能有所明、然後合於湯。呂尚三就文王、三入殷、而不能有所明、然後合於文王。此知天命之箝、故歸之不疑也」とある。伊尹も呂尚も何度も寝返り、生間あるいは反間の用をなせたという見方に繋がる。
[11] 執筆時期で見ると順序が入れ替わるが、本稿では、人々の註釈書への需要が高まって刊行に至ったことを重視し、出版時期で扱うことにした。
[12] 阿部正巳『伊藤鳳山』（伊藤鳳山伝記刊行会、1929 年）224-226、298 頁。
[13] 同上、299 頁。
[14] 犬飼孝平編『犬飼松窓先生傳』（中備史談会、1954 年。復刻版が、犬飼松窓先生三余塾保存顕彰会『三余塾犬飼松窓』（犬飼松窓先生三余塾保存

顕彰会、1981年）に所収）。
[15] マイケル・J・ハンデル『米陸軍戦略大学校テキスト　孫子とクラウゼヴィッツ』杉之尾宜生・西田陽一訳（日本経済新聞出版社、2012年）。
[16] ひるがえって、『孫子』は用間論の嚆矢であるがまさにとば口にすぎず、インテリジェンスの有効性について、危惧はあるものの概ね楽観的に捉える段階に止まったともいえる。本稿の立場は、『孫子』そのものを聖典視し、それを読み込むことで足れりとするのは誤りであって、後代の註釈という研究蓄積に目を向けるべきであるとするものである（むろん、『孫子』を読み込むのみの註釈もまた、この研究蓄積の一部を成すが）。

2021 年 6 月

【論文】

ヴィア・レッドマンとイギリスの対日広報政策

—日英文化交流とプロパガンダ（1931〜46年）—

奥田　泰広

序章

日本にとってのあらゆる二国間関係の中で日英関係は重要なものであり続けており、1902年に締結された日英同盟は今も近代日本外交の大きな達成であったと位置付けられている。第一次世界大戦後のワシントン会議で日英同盟が破棄されて以降、アジア国際秩序が流動化して第二次世界大戦で両国は交戦国となったが[1]、戦後のサンフランシスコ講和条約で国交関係が回復し、現在に至っている。本稿で取り上げるヴィア・レッドマン（Vere Redman）は、日英関係が漂流していく1927年にジャーナリストとして来日し、第二次世界大戦後に再来日してイギリスの対日広報政策の基盤を作った人物である。特に、1946年にレッドマンが文書としてまとめた対日広報政策論は、イギリス外務省内で広く回覧され、その後のイギリスの対日広報政策に大きな影響を及ぼした[2]。

本稿はレッドマンの対日広報政策論を詳細に検討していくが、その前にレッドマンの経歴をもう少し紹介しておきたい。ヴィア・レッドマンは、占領期日本におけるイギリスの活動が描かれる際に頻繁に登場する人物であるが、彼についてのまとまった研究は少なく、元駐日イギリス大使サー・ヒュー・コータッツィ（Sir Hugh Cortazzi）が執筆した紹介文が唯一の例外である[3]。これはイギリスの広報政策をめぐる研究が初期段階にあり、レッドマンの活動に関する一次資料がイギリス公文書館のさまざまな文書に散在していることが影響していると考えられる。本稿は主にブリティッシュ・カウンシル

（British Council：BC）文書と外務省情報政策局（Information Policy Department：IPD）文書に含まれる新史料を利用しつつレッドマンの活動を再構成する。

レッドマンは、そのあけすけな物言いがしばしば周囲の戸惑いを生んだとされるが、仕事に対しては勤勉かつ有能で、上司からも部下からも信頼を勝ち得ていた。ただ、フランス生まれの妻マデレーヌ（Madeleine）とともに日本で 30 年以上を過ごしたが、日本語の会話能力は限定的であった[4]。その点がサー・ジョージ・サンソム（Sir George Sansom）らの著名な知日家と異なり、日本での認知度が低い一因となっていると考えられる[5]。

1901 年生まれのレッドマンは、ロンドン大学を卒業してからフランスに遊学したのち、1927 年に初来日した。来日後は東京商科大学（現一橋大学）で英語教師を務めたが、1930 年に英字新聞『ジャパン・アドバタイザー（*The Japan Advertiser*）』で記事を執筆したことを皮切りに、ジャーナリストとしての活動を始めた。『ジャパン・アドバタイザー』はアメリカのメディアとの関係が深いとされるが[6]、レッドマン自身は英米いずれのメディアとも関係を深め、1933 年には『デイリー・メイル（*The Daily Mail*）』（ロンドン）、1935 年には『サン（*The Sun*）』（ボルティモア）の東京特派員となり、いずれも 1939 年まで継続した。それ以外にも『タイムズ（*The Times*）』や『マンチェスター・ガーディアン（*The Manchester Guardian*）』にも寄稿し、それらの記事を集めて一冊にまとめ直した著作『危機にある日本』を 1935 年に出版して、日本を専門とするジャーナリストとして認識されるようになった[7]。

レッドマンがこうしたキャリアを築いてきたことが、イギリス政府が広報官としてリクルートした要因であったと考えられる。現在残されている資料によれば、レッドマンは 1939 年秋にアメリカとイギリスを旅行した際にイギリス情報省に雇用されたものと考えられる[8]。レッドマンは 1940 年以降に日本でもう一度過ごすことになるが、今度はイギリス情報省職員としてイギリスの対日広報政策に従事することになるのであった。第 1 章ではイギリスの対日広報政策の全体像を再検討した上でレッドマンの活動を位置付けるが、それは国家が指導する広報政策とジャーナリズムが曖昧に共存していた状況を把握するためである。

第 2 章ではレッドマンの戦時中の活動を具体的に検討する。それは、ヨーロッパで第二次世界大戦が始まり、イギリスの交戦国であるドイツと同盟関係にある日本とやがて戦争状態となるなかで、日本におけるイギリスのイメージを良好なものに保とうとする営みが極めて難しくなる時期のことであった。第3章では、レッドマンが再来日した1946年に執筆した対日広報政策論を検討する。平時と戦時の両方において広報政策に従事したレッドマンが、占領期の日本においてどのような広報政策を展開しようとしたのかがこの章の検討課題となる。

なお、本稿と情報史研究との関係性は以下の通りである。本稿が扱う全期間においてレッドマンはいわゆるインテリジェンス部門には直接関わっておらず、広報政策部門の政府職員と位置付けることができる。日本のマスメディアはレッドマンを日本におけるイギリス情報機関のトップと認識したが、それはあくまでも日本側の印象であり、イギリス情報史の文脈では周縁に位置付けられる。とはいえ、こののち、1948年1月に設置されたイギリス外務省の情報調査局（Information Research Department : IRD）は、いわゆる「秘密情報」も含めたインテリジェンスを利用しながらプロパガンダを実施する行政機関であった。そして、そのIRDが日本で活動を展開する際、本稿で検討するレッドマンの広報政策論を前提として受け入れることになる。その意味で本稿は、「広報政策」を主な検討対象とするものであるが、情報史研究の発展に不可欠な基盤的研究ということができる。

第1章　戦間期の日英文化交流
—ブリティッシュ・カウンシルの活動を中心に—

この章では戦間期における日英の文化交流を検討する。1927年に来日して以降、レッドマンはジャーナリストとして活動したため、日英文化交流自体には直接的な関係はない。しかし、戦間期には人々の「文化交流」を国家が「広報政策」の観点で利用しようとする試みが定着していき、その過程で生み出された組織が戦時に活用される経緯となるため、日英間で戦争が勃発した際には、レッドマンもその潮流に巻き込まれていくことになる。

イギリスが「広報政策」という形で組織的に対外イメージの操作を意図するようになったのは、やはり戦争体験が影響している。第一次世界大戦時、イギリス首相デーヴィッド・ロイド＝ジョージ（David Lloyd George）の指示によって二つのプロパガンダ機関—クルーハウス（Crewe House）と情報省（Ministry of Information : MOI）—が設立された[9]。また、第一次世界大戦期にはアメリカを参戦に導いたツィンメルマン電報事件がよく知られており、それによって実現されたアメリカの対独参戦は決して「プロパガンダ活動」のみによる成果ではなかったが、イギリス政府が他国を操る“外交上手”な国であるという印象が広く持たれた[10]。

しかし、「言論の自由」の伝統を生み出した国イギリスにおいては、情報の歪曲を手段とするプロパガンダ活動を平時に継続することに対して忌避感が強く、上記の二つのプロパガンダ機関はいずれも戦争終結とともに解体された。先行研究がよく示しているように、1920年代にイギリスの広報活動は低迷し、フランスやドイツの方がプロパガンダ活動の先進国として技術を高めていったのであった。イギリスが広報政策を再開したのはようやく1930年代のことで、1932年に英国放送協会（British Broadcasting Corporation：BBC）のエンパイア・サーヴィスが開始されたほか、文化交流の促進を目的としたブリティッシュ・カウンシル（British Council1：BC）が1934年に設立された[11]。いずれの組織についても、政府からの中立性をいかに担保するかが強く意識された。

このうち、設立当初のBCにとって最も重要な取り組みは、英語教育を支援することによって他国との文化交流を進めることであった。その領域は言語分野から始まったが、それはすぐに文学・文化・歴史・思想分野に広がり、あらゆる領域において交流が発展することとなった[12]。その後、BCの活動は多領域に展開され、言語委員会や美術委員会、音楽委員会などの委員会が運用された。そのなかで成功例とみなされた委員会の一つが、書籍・定期刊行物委員会（Books and Periodicals Committee）であった。この委員会が展開した活動の中で特に注目されるのは海外書評構想（Overseas Books Review Scheme）で、それは1982年まで継続される。この委員会で選定された書籍は海外に送付され、送付先で流通する定期刊行物の書評欄に取り上げられるよう、働きかけることを業務とした。とくに1936年から同委員会の委員長を務めたスタンレー・アンウィン（Stanley Unwin）がイギリスで出版社協会の副理事を務めていたこともあって、BCは出版社から卸値で書籍を購入し、その書籍が広報に値する影響力を持つかどうか検討した[13]。書籍・定期刊行物委員会の活動は、1937年7月にBC長官となったジョージ・ロイド（George Lloyd）の下で予算規模が拡大された[14]。このような活動は、のちに日本における広報活動において重要な位置づけがなされることになる。

BCがこのような活動を始める一方、同じく広報活動に遅れをとっていた日本も取り組みを始めていた。のちに BC が日本で接触することになる国際文化振興会は、まさしく BC と同様に国際交流を目的として日本政府と「官民協力」しながら 1934 年 4 月に設立された財団法人であった[15]。その設立には国際連盟協会（1920 年設立）に携わった人々が深く関与し、日本文化を世界文化の中で市民権を得られるよう努めた。1920 年代には国際連盟協会以外にも、対支文化事業などさまざまな試みがなされたが、それらは 1933 年に外務省に「国際文化事業局」を設立する形で結実することとなった[16]。1933 年 4 月 18 日に開催された発表式には 4 名の外国人が招待されたが、そこにイギリスからサンソムが入っていたことも注目される。

本来、国家の意図とは関係なく進展していく文化交流の場において、戦間期に日英の広報機関が接触した事例があるので紹介しておきたい。BC が国際文化振興会と接触したのは 1935 年であったが、それは理事を務めた團伊能が訪英した際、BC 副議長リバーズデイル卿（Lord Riversdale）が面会を求めたのが始まりであった[17]。BC に残された記録によれば、この時、團はイギリス文化を日本に紹介することに関心を持ち、日本でのシェイクスピア熱について話題としたとされる。実際、このことをきっかけとしてイギリス文学の紹介を中心とした日英文化交流が促進された。翌 1936 年には駐日イギリス大使館の二等書記官であったアシュリー・クラーク（Ashley Clarke）が東京アマチュアドラマチック倶楽部の事務局書記長を務めていた関係で、同倶楽部がその年の 11 月の公演で『お気に召すまま』を取り上げた際には、BC が協力した[18]。日英間の文化交流におけるこうした活動は有益なものであったと言えるが、イギリス政府はこうした文化交流を「文化プロパガンダ」と呼んで重視していた。

イギリス文化の広報を目的としたこうした活動は、第二次世界大戦が始まるとさらに国家の意思が反映されるようになった。イギリス本国では、第一次世界大戦後に情報省は解体されたが、1939 年中に再建を求める声が高まり、第二次世界大戦が始まると同時に情報省が再建されたのである。平時の広報政策を支えた BC 内では情報省に対する反発があったが、BC 長官のロイドが勅許の獲得を目指し、それによって BC が情報省から組織上独自できるようにした。その結果、BC と情報省は別組織として分業することとし、1940 年以降、BC は教育的・文化的な領域を引き受け、情報省は政治的なプロパガンダを担当することになった[19]。

序論で記した通り、レッドマンはこの情報省の日本代表として雇用され、再来日した。しかしながら、その時点ではすでに日英関係は悪化しており、イギリスの広報政策はますます日本側から疑念の目で見られるようになっていた。たとえば、1939 年 9 月 15 日にレッドマンが来日したことを報じた『朝日新聞』は、「謎のレッドマン　英国情報省から急遽来朝」と顔写真入りで報じ、レッドマンをイギリス情報部の要と位置付けた[20]。そうした状況では、イギリス政府との関係があるとみられる情報の信用性は失われてしまう。そこで、外面上はイギリス情報省から離れた形で1940年2月に設立されたのが、ジャーナリストのフランク・ホーレー（Frank Howley）を長官とする英国文化研究所（British Library of Culture and Information）であった[21]。

イギリス政府はそれ以前からホーレーを長官とする広報機関を日本に設置する予定であったが、情報省と BC の間で管轄をめぐるせめぎ合いがあり、最終的に BC 事務局長チャールズ・ブリッジ（Charles Bridge）の主導により、1940 年 1 月、新機関を情報省から切り離して BC の管轄下に置くことで合意された[22]。ただし、この段階でも、新機関がイギリス駐日大使館の広報業務とどのように役割分担するかについて明確な判断基準は示されなかった。この問題に結論を見るのは同年 3 月になってからで、この時、大使館における広報業務は情報省の管轄、日本における新たな機関の業務は BC の管轄、とすることになった[23]。

新機関の設立にサンソムの関与があったことも興味深い。1940 年 2 月にサンソムが送付した提案書が残されており、そこで設立の意図が明確に示されている[24]。サンソムは、イギリスで極東について的確に議論できる人物が存在しないことを懸念し、アメリカのハーバード大学・イェール大学・コロンビア大学に相当するような極東研究を支える研究機関がないことを問題視した。また、日英関係が切迫したものになりつつあるという短期的な問題意識だけではなく、極東研究それ自体に魅力があることを理解する必要があると主張するものでもあった。さらに、極東に関する研究者を生み出すためには本国で研究機関を作るだけでは不十分であり、対象地域に数年間実際に居住して研究することが必要であるとも述べている。そのために、日本に「英国研究所（British Institute）」を設立することを提案したのであった。

BC の新たな広報機関を検討していたブリッジは、サンソムのこの提案を取り入れることとした。ブリッジは「英国研究所」をすぐに設立することは拙速であると結論し、まずは「British Library of Information」という形で立ち上げて、日本における英語教育の拠点を作ることを提案した。また、駐日大使ロバート・クレイギー（Robert Craigie）に相談し、その支援を獲得するのが近道であるともサンソムに助言した[25]。こうした経緯を経て、「英国文化研究所（British Library of Culture and Information)」という正式名称のBCの出先機関が日本に設置されることになったのである。しかし、その後もジャパン・タイムズがBCをイギリスの政府機関と位置付ける報道をしたこともあって、英国文化研究所の中立性については疑念がもたれた[26]。

なお、英国文化研究所は、BCにとって日本の文化環境を知る情報源でもあると位置付けられていた。たとえば1940年11月13日には、「我々が良好な関係を築いてきた岩波書店が、哲学・物理学・数学のような基礎的研究を促進するため、100万円の基金を近年創設した」と伝え、これを「寛大な贈り物」と評価している[27]。これは西田幾多郎を理事長として設立された「風樹会」を指しており、BCが日本における学術研究の状況を把握し、イギリスとの接点を探ろうとしていたことがわかる[28]。ただし、英国文化研究所の設立から一年余りで日英は交戦状態となることもあって、こうした情報収集活動についてはBC文書には断片的な記録しか残されていない。

第2章　日英戦争の勃発　―情報省の活動を中心に―

報道が政府から独立性を維持していることを強く意識するイギリスは、BCは教育的・文化的な領域、情報省は政治的なプロパガンダを担当するということでBCの独立性を保持しようとした。しかし日本では、BCの管轄下にある英国文化研究所が「大英帝国情報文化部である」という報道がなされた[29]。日本での報道に証拠があったわけではなかったが、現在では情報省の日本での活動の記録がBC文書に残されており、イギリス政府の日本における広報活動を跡付けることができる。記録として残っているのは、1940年1月17日から1942年2月までほぼ二年間にわたって開催された会議の議事録である。この会議の名称は議事録に記載されていないが、駐日大使クレイギーが本国情報省向けの書簡で「東京広報委員会（Tokyo Information Committee)」と記しているので、ここではその呼称を採用する[30]。

東京広報委員会の最初の議事録は、日本における広報活動の開始について議論しており、活動の方向性を知る上で有益である[31]。1940年1月17日に東京のイギリス大使館で開催された会議の記録には、レッドマンの他にホーレ一の発言も記録されているので、公式な構成員かどうかは分からないとしても、ホーレーが出席していたのは確実である。つまり、表向き情報省と BC は別の組織であったが、活動に際して緊密に協力していたのであった。この日決定されたのは、英語と日本語の両方のパンフレットを作成することと、その配布方法であった。配布先は日本全国のイギリス領事館のほかに、上海と香港のイギリス大使館や英連邦諸国の駐日大使館、英字出版物を購入している日本人の個人、大学関係の諸団体、キリスト教会などであった。こうした活動の中でレッドマンは配布先のリストアップに従事し、日本のビジネス界にも働きかける意向を示している。

これ以降、この会議はほぼ毎週開催され、会議記録も残されている。また、レッドマンとホーレーの出席もかなり重なっており、両者の協力関係を跡付ける資料となっている[32]。その中でレッドマンの主要な活動だけ注目しておきたい。1940 年 2 月、レッドマンはポソニー（Stefan Thomas Possony）『明日の戦争（*Tomorrow's War*）』の著作権取得の支援を岩波書店から要請され、この著作が現代的な戦争では攻撃よりも防御に利があることを説いていることを評価し、支援した。この著作の日本語訳書は同年 7 月に出版されている[33]。また、レッドマンが作成した報告書が会議で検討され（レッドマン自身は欠席）、英語で出版される印刷物の配布状況が報告されている[34]。それによれば、日刊英字刊行物 570 部、日刊日本語刊行物 170 部、週刊英字刊行物 260 部、週刊日本語刊行物 380 部、約 10 日毎に刊行されるパンフレット英語 1300 部・日本語 1400 部、イギリス刊行の週刊誌 380 部、ロンドンの情報省が時々送ってくるイギリスの政府白書、などであった。このように、この委員会は日本における言論状況を把握することを目的の一つとしていた。

この後、レッドマンは主に刊行物の配布を担当したようで、1940 年 3 月 20 日には、英語の学習を目的とする読者が増加している関係で、英語出版物の観光が将来的にさらに増加する可能性があることを報告した[35]。また、レッドマンは日本の全ての高校にパンフレット類を送付することを提案し、採用されている（実施状況は不明）[36]。こうした努力もあり、不定期に報告された送付部数は着実に増えていった。1940 年 7 月 3 日には、日刊英字刊行物 1350 部、週刊英字刊行物 370 部、日刊日本語刊行物 700 部、週刊日本語刊行物 1000 部となった[37]。

注目すべき点は、当時の日本の報道が疑った通り、レッドマンが情報収集活動にも関与していたことである。出版業界の日本人とのやりとりは頻繁に報告されていて、それ自体に法的な問題はないとしても、1940 年 3 月 20 日には、日本国内の放送をモニターする日本人の雇用について報告している[38]。また、1940 年 7 月 17 日には、日本人を対象とする「囁き作戦（whispering）」を検討する報告書をレッドマンが検討したことが記されている[39]。この作戦は翌週からポール・ゴア＝ブース（Paul Gore-Booth）の主導で実施され、日本居住のイギリス人との会合を利用したほか、日本在住で多数の日本人を知人にもつヨーロッパ人と接触することとした[40]。これは日本におけるドイツの広報活動が活発化するのに対抗しようとしたもので、イギリスの広報活動を戦時にむけて準備しようとしたものであった。

ただし、7 月 27 日に在留英国人 11 人が憲兵隊に軍機保護法違反容疑で一斉に検挙され、そのうちの一人でロイター東京支局長の M・J・コックス（M.J. Cox）が二日後の 29 日に自殺するという事件が起き、この方向性は取りやめとなった[41]。また、7 月 30 日に緊急会議を開いて 8 月 7 日に決定したところでは、パンフレット等の新たな出版物の配布は延期されることとなった[42]。さらに 8 月 14 日には、刊行物の定期購読を中止する連絡が届くようになったことが報告された[43]。

こうした動向が影響したのか、東京広報委員会は 1941 年に活動を停止する可能性があった。1941 年 1 月 22 日に通常の構成員に駐日大使館商務書記官 O・C・モーランド（O.C. Morland）を加えた特別会議が開かれ、それ以外の活動に予算を振り向けるために東京広報委員会の活動を停止するよう主張するモーランドに対して意見が聴取された[44]。この時、カナダ駐日大使館のハーバート・ノーマン（Herbert Norman）も出席していたことが注目される（これを皮切りとしてノーマンは度々会議に出席している）。レッドマンは、正式な構成員として次のように発言している。「日本人はいつも得られた情報に注意を払っており、もし日本人が議論の一方のみを知るようになったり、他方に対するアクセスを失ったりすると、情報を吟味することが妨げられ、イギリスの戦争目的に反する形で世論が容易に支配される。」ノーマンはそれに続けて次のように発言し、レッドマンの議論を支援した。「もし活動が停止されれば、ドイツはそれを彼らにとっての勝利だとみなすであろう。」

その後も東京広報委員会の活動は続けられたが、日英の交戦を想定した活動方針の検討も始まった。1941 年 2 月 12 日の記録によれば、日本が島国だという条件は戦時におけるプロパガンダを難しくさせるため、中国における日本陸軍や南京・上海の日本人ビジネス関係者への広報活動を重視すべきとされた[45]。また、2 月 26 日の会議には情報省極東局（Far Eastern Bureau）の長官スコット（Scott）が出席し、シンガポールでの活動について報告した[46]。スコットによれば、極東局は（1）情報収集（2）対抗プロパガンダ（3）報道の三点について主に活動しているが、報道情報が不足していた。アメリカの報道関係者が関わっていないこと、インドからの情報提供が少ないことなどがその要因とされたが、オーストラリアの広報部門とは連携しているということであった。また、おそらくこの時のスコットの提案を受けて、1941 年 3 月より月例報告書が作成されるようになった[47]。

こうした経緯を経て、東京広報委員会は本格的に「反日プロパガンダ（Anti-Japanese propaganda）」に必要な情報収集と分析を開始し、極東局に情報提供することとした。ただ、注目されるのは 1941 年 3 月 12 日の記録で、そこでは反日プロパガンダ活動を強化する一方で、同時に「建設的プロパガンダ（positive propaganda）」も充実させることが提言された[48]。それにより、日本に対して「枢軸国よりも民主主義国と友人であることの方が良い」と伝えることが重要視されたのである。ここでいう「反日プロパガンダ」は、不正確な情報の流布も行ういわゆる「ブラック・プロパガンダ」を指すものと考えられるが、それはシンガポールを拠点とする極東局の求めに応じてなされたものであり、日本では単に情報収集が行われたものと考えられる。

レッドマンはこの後、5 月より上海・香港・シンガポールに出張してアジアにおける広報政策の展開を意図した活動を行なった。その成果を報告する東京広報委員会が 1941 年 7 月 21 日に開催されている。この時の記録では、極東局の活動について報告されたことが記載されているが、記録自体が従来のものよりかなり短く、極東局の活動については意図的に詳細な記載を行わなかったものと推測される[49]。日本での活動に関係する項目については一定の記載があり、その中で特にレッドマンが重視したのは、出向した各地において日本語のキャプションが印刷できるようになったことであった。これにより、将来的にイギリスの広報資料が日本で印刷できなくなった場合にも、これらの地域において日本語の印刷が可能となり、広報活動が継続できるようになった。この後、7 月 25 日の記録が保管されている最後のものとなるが、その理由は不明である。

その後のレッドマンの活動は BC 文書からは確認できないが、コータッツィの調査によれば、レッドマンは戦争勃発と同時に逮捕され、巣鴨拘置所に拘留された。その際、厳しい取り調べを受けたのちに独房に入れられたとされる[50]。そうした状況については同じような扱いを受けたフランク・ホーレーの事例が参考になる。レッドマンとともに活動したホーレーは、8ヶ月間の拘留後に本国に強制送還されることになるが、その際に同船したジョン・モリス（John Morris）にその体験を詳しく説明した。それによれば、逮捕直後には独房で長時間正座させられる状態で取り調べが行われ、13時間後に巣鴨拘置所に移された段階では数時間に渡って裸にさせられ、全身のスケッチが作成された[51]。ただ、ホーレーもレッドマンも、日本の法制度については厳しい見方をしていたものの、日本人全般に対して悪印象を持ったという記録は残していない。

帰英後、彼らは次のような形でイギリスの対日戦に協力した。ホーレーはロンドン大学東洋学部（School of Oriental and African Studies : SOAS）で日本語教育に携わった後、1943年7月よりBBC日本語放送に転属した[52]。日本では一般にBBCの受信が禁止されていていたが、BBCは日本政府が情報収集活動の一環としてBBCを受信していると想定し、広報の効果があると判断して日本語放送を開始した。ホーレーとともに帰国したモリスは、このBBC日本語放送の責任者として運営に関わった[53]。

レッドマンについてはコータッツィの記述がある。それによれば、帰国後は情報省の極東課長となり、しばしばイギリス政府高官に日本と日本人について諮問を受けたとされる。具体的な活動は明らかになっていないが、対日情報の提供が評価され、大英帝国勲章（OBE）を授与された[54]。当事者の記録としては、親日派の情報将校として知られるマルコム・ケネディ（Malcolm Kennedy）の日記に、日本の法制度について情報省員のレッドマンが講義したという記録がある。レッドマンの講義は極めて興味深いものであったと記しているほか、モリスを加えた三人で昼食をとったこともケネディは記載している[55]。当時ケネディは政府暗号学校（Government Code and Cypher School : GC&CS）の外交班に属しており、日本政府の暗号解読に関与していた[56]。

第3章　レッドマンと対日広報政策論

第二次世界大戦後にレッドマンが再来日した動機は明らかでないが、ともかくも1946年1月末にはレッドマンは日本での広報活動を再開していた。ジョン・モリスがBBC特派員として再来日した際の回想録が『フェニックス・カップ（*The Phoenix Cup*）』として出版されているが、その中で日本への船にレッドマンと同乗していたことが記されている[57]。アメリカ主導の占領政策が実施されているなかで、イギリス政府がごく早い段階で広報担当の人材を日本に派遣していることは、対外政策において広報政策が占める位置付けが高まっていたことを示すものである。

この章では、レッドマンがまとめたイギリスの対日広報政策についての報告書を検討する。この報告書は、イギリスの対日広報業務に関係する報告書としては最初のもので、これ以降は四半期毎に報告書が作成されることとなった。この内容は外務省内で高く評価され、BBCやBCだけでなく、ロイター やタイムズなどのマスコミにも送付され、後に駐日大使となるジョン・ピルチャー（John Pilcher）の分析も付されている。1946年2月6日から12月31日までを範囲としていることから、2月6日にレッドマンが活動を再開したものと推測される[58]。報告書は大きく二部構成になっており、第一部では対日広報政策に関する一般的な方針を記し、第二部では当該期間において実際に行われた政策を具体的に記している。

第一部の特徴は、アメリカの占領政策におけるプロパガンダの側面を分析し、そうした状況の中でイギリスの立ち位置を探ろうとしている点である。それは、アメリカとともに英連邦軍が対日占領政策に関わっているにもかかわらず、軍政面ではアメリカが決定権を握っている点に目をつけ、その中でイギリスの影響力を発揮する方策を考えようとしたものであった。

レッドマンによれば、占領当局が目指したものは、戦前の日本で実施されていた「思想統制」のあり方を一掃し、検閲を通して西欧的デモクラシーを日本に「注入」することであった。それによって新生日本における思想を方向付けし、統制しようとしたのであった。その際の占領当局のやり方についてレッドマンは具体的な観察をしており、「労働者達はこれまでの上司を無視し、罵り、取り除く自由を獲得することになった」としている。また、「指令やラジオ、プレスを通して日本の敗北とアメリカの強さを繰り返し印象付けようとした」とも述べている。

さらに、プロパガンダの側面から興味深いのは、占領当局が現地の情報発信者を利用したことにレッドマンが着目していることである。日本人や日本語で発信する者すべてを検閲の対象とし、検閲がなされる世界を日常化させることによって、「言えないことがある世界に慣れている」と述べている。日本に長く居住したレッドマンには、検閲によって影響を与えることは「日本人のように繊細な人々には容易いこと」と考えられた。そして、占領当局が現時点で有している社会的権威を利用して、日本の「知識人（informational practitioner)」に対してデモクラシーを受け入れさせることに成功しているとみなした。

また、プロパガンダにおけるこういった効果を得るために、占領当局はさまざまな施策を利用しているとレッドマンは分析している。新憲法や神道指令、「思想警察」の解体、教育現場からの軍人の排除、陸軍・海軍学校の閉鎖、国体思想教育の撤廃、などがそれに該当し、しかもこれらの施策がなされる際、実施を日本人自身の手に委ねることが重視されたとしている。レッドマンによれば、こうしたやり方によって一般大衆に与えた影響は限定的であるが、占領当局に積極的に協力する熱心な現地労働者も増加してきており、全般的には作業が進捗していると考えられた。一方で、占領当局の施策に懐疑的な面も記載している。例えば新憲法については、新制度すべてが翻訳のようなものと感じられる可能性がある、と指摘している。

こうした分析の上でイギリスにとって重要なのは、そうした達成がイギリスの利益としてどのように評価できるかということである。レッドマンは、日本人の思想類型が我々と近いものになることは望ましいといえるが、たとえ近くとも、それはまったく同じとはなり得ないと考えた。GHQ 職員のなかには日本で「デモクラシー」そのものが売り込まれていると考えている者がいるが、レッドマンにとっては、日本で実際に売り込まれているのは「アメリカのデモクラシー」であった。なぜならば、GHQ はアメリカ以外の連合国が日本人と直接接触することを禁じているし、もしそれが公式に許容されたとしても、我々にはアメリカに対抗できるほどのマンパワーがない。

イギリスが置かれたそうした立場において、レッドマンはイギリスが影響力を行使する余地を見出そうと努力している。そうした意図からなされた記述として、日本の新聞やラジオで報道される外国発のニュースの 15%はイギリス発であること、ドキュメンタリー・フィルムなどの映像資料分野でイギリスが無視しがたい存在感を持っていることが肯定的に評価されている。また、全国の図書館で利用される新聞・雑誌の分野でイギリスのものがアメリカのそれと匹敵するし、図書館で利用される図書についてもそれほど見劣りしないと考えられた。日本市場で流通する書籍についても、レッドマンが把握しているところではこの時点で 31 冊の翻訳書が出版されるように手配されていた。

こうした分析をした上で、レッドマンは第一部の結論部分で次のような例え話を書き残している。イギリスは「文化ビジネス」の分野で卸売業者の側に立っておらず、目立った役割を果たせていない。例えて言うなら、大量販売のカウンターにやってきて卸売業者に対して小さなバッグに詰めてきたサンプルを見せているのだが、当の卸売業者はその中からいくつかを選択して小売カウンターに置いてくれるものの、そのカウンターにはすでに「アメリカ製」と印字された大量の商品が積み重ねられている状況であった。それが現実なのであり、「それを嘆いても仕方がない」というのがレッドマンの判断であった。そうした状況でイギリスが出来ることは、第一に商品の質を維持し、第二に商品がこの市場に適していることを卸売業者に納得させ、第三に我々が卸売業者の協力者であって競争者でないことを確信させることであった。

第一部におけるこうした議論から明らかになるのは、レッドマンはアメリカの占領当局と同様、プロパガンダを利用する形で日本の国家体制の変容を促そうとしたことである。近年、占領時代におけるアメリカのそうした行動について多くの研究がなされているが、イギリス政府もまたそうした意図をよく理解していたことが分かる。ただしその際、日本を導くべき方向性はアメリカのそれと異なっており、それがゆえに占領当局の方針に対して不満を有していた。その中でイギリスが実際にできることを現実的に追求したのであり、その1946年の実績について、続く第二部で報告されている。

報告書の第二部では1946年の実施概要が報告されている。実施概要の特徴は、日本における各種メディアの状況を分析した上で、イギリスの広報政策が展開できる余地を見出そうとしていることである。扱う領域は、新聞・ラジオ・映画・それ以外の視覚資料・訪問者・各種出版物・図書館などであり、アメリカが広報政策を実施したすべての領域を視野に入れていることが注目されるが、ここでは特にイギリスに関する言及部分を中心に考察を進めたい。

レッドマンによれば、多くの領域でアメリカの影響力が強く、イギリスができることは限られていた。まず、当時はGHQによって検閲が行われており、占領軍に不都合と思われる情報は排除されていた。海外ニュースについては共同通信がほぼ独占的に管理し、海外のすべてのニュース会社は共同通信と契約を結んでいた。その情報が各新聞社を通して報道されることになるが、イギリスが着目したのは英字新聞である。当時、英字日刊新聞は四紙あり、ニッポン・タイムズ（Nippon Times：現 Japan Times）とマイニチ英語版（Mainichi English edition）、米軍の新聞である星条旗新聞（Stars and Stripes）、英連邦占領軍の日刊新聞である BCON だった。こうした状況でイギリス政府が作成したニュースの配信を希望しても、それらはまず GHQ の民間情報教育局（Civil Information and Education section：CIE）に提出しなければならなかった。

ラジオ放送については日本放送協会が実質的に支配的な地位を築いていたが、その活動もやはり CIE ラジオ・ユニットの統括下に置かれていた。週に一度の 30 分番組である『質問箱』の存在や音楽放送の傾向などを分析しているが、レッドマンの評価は「左派的な政治内容が含まれている」というもので、レッドマンが当時のアメリカの方針に不満を抱いていたことがわかる。また、こうした状況でイギリスが影響を及ぼす方策としては、CIE に特集番組の放送を提案することしかないとしている。

映画についても悲観的な印象を持っており、CIE の外郭団体として設置されたセントラル映画社（Central Motion Picture Exchange）を通してアメリカ映画が大量に紹介されていることを報告している。イギリスの映画については、戦前に製作されたものが CIE の放映検討リストに入っているが、最近のものについては検討されていなかった。レッドマンはイギリス映画界から代表者が送られるべきであるとし、具体的な提案として『ヘンリー5 世』や『シーザーとクレオパトラ』などの作品を挙げている。

このように、多くの領域においてアメリカの影響力が優越するなかで、レッドマンはアメリカがまだ着目していない領域に注力することを提案している。例えば、図書館などで開催される展示会を利用することである。イギリスが独自に展示会を開催することを CIE はおそらく許可しないが、CIE が主催する展示会にイギリスのものを含めるよう依頼することは実現の可能性があるとしている。

レッドマンがイギリスの強みと考えたのは各種出版物であった。戦後に出版された書籍でイギリスを扱った日本人の著作は 14 冊あったが、そのうち 3 冊がかなり有益であるとしている。また、イギリス人の著作については 31 冊が出版され、そのうち 20 冊には実際にかなり評価できるものであるとしている。また、CIE が東京と京都に設置したインフォメーション・センターと図書館にイギリスの出版物を含めることを検討している。この出版物とインフォメーション・センターの領域は、1947 年以降にレッドマンが最も力を入れる領域となるが、1946 年の段階ではイギリスには限界があり、量的な面においてアメリカに大きく見劣りがすることは否定できない状況であった[59]。

このようにイギリスの限界を感じていたレッドマンにとって、人的な交流を通した影響力の行使は期待されるところで､具体的な人名を列挙している。この間に日本を訪れたイギリスの著名人は、元太平洋艦隊司令長官フレーザー卿（Admiral Lord Fraser）、イギリス議員団、ギルロイ枢機卿（Cardinal Gilroy）、ヒーズレット司教とマン司教（Bishops Heaslett and Mann）、オーストラリア国防大臣のシリル・チェンバース（Cyril Chambers）であった。このうち議員団の効果が最も効果的で、二回実施したプレスコンファレンスはイギリスの政治制度を説明する機会となり、日本の国会を訪問した際には首相と意見交換がなされたとしている。二人の司教の来日についても「極めて有意義であった」と記しているがその理由は記していない。1945 年 10 月以降、すでに多数の宣教師がアメリカから来日していたことを考えると、レッドマンの記述はそうしたアメリカの方針への対抗意識があったものと考えられる[60]。

この文書におけるこのような分析から明らかになるのは、日英戦争開始時にレッドマンが情報省職員として日本で活動した業務が、違った環境のもとで再開されていることである。戦間期にジャーナリストであったレッドマンが情報省職員として活動したのは日英戦争開戦前後の短い期間であったが、その時期は日英関係が悪化していたこともあって、イギリスに対する悪感情を緩和するという難しい活動に従事することになった。その際には日本における報道事情・出版状況を観察することに努力が注がれた。こうした手法は戦後日本での広報活動にも引き継がれ、今度はアメリカが主導する広報活動が生み出す環境を観察することが重視された。

その観察から得られた分析によれば、今度はアメリカによる広報活動が極めて大きな影響力を持っていた。その領域は新聞や映画などのメディアだけにとどまらず、人的交流やインフォメーション・センターの利用など、アメリカの対日占領政策の多くの場面で日本の民主化を意図する政策が実施されていた。しかも、その政策に他国が参加する隙は与えられず、最も親密な同盟国であるはずのイギリスでさえ広報活動の実施にあたって様々な制約が設けられた。レッドマンはそうした環境において、日本においてできる限りイギリスのイメージを向上させるための活動を展開したのである。その際、これまでみてきた通り、アメリカの知的伝統とは異なるイギリスのそれを広報することに、強い使命感を有していたのであった。

終章

1946 年時点で日本におけるイギリスの広報活動の方向性が明らかになっていたが、アメリカが主導した占領体制下の試みであったため限界も存在していた。例えば、1946 年 9 月には、BBC 極東局長のジョン・モリスが日本での BC の活動再開を提案していたが、イギリス外務省が消極的であったために実現されなかった[61]。その結果、日英戦争開戦前後に日本で広報政策に従事したレッドマン一人に、イギリスの対日広報政策が委ねられることになったのであった。ここでは最後に、各章における検討を見直し、レッドマンの対日広報政策の特徴を分析しておきたい。

第 1 章で取り上げた戦間期のイギリスの対日広報政策は、両国の文化交流を通して相互の理解を深めるとともに、その理解を通して関係改善を図ろうとするものであった。その際に主導的に関わったのはブリティッシュ・カウンシルであり、ジョージ・サンソムらの日本学者もそこに関与することがあった。ただ、この時期は民間レベルの文化交流と国家主導の広報政策が曖昧に共存しており、レッドマンは一人のジャーナリストとして日本で活動していた。日英間の戦争が視野に入ってきて初めて、イギリス政府が主導する広報政策にレッドマンが関与していったのであった。

第 2 章で取り上げた日英戦争期になると、イギリス政府は情報省の再建という形で戦時プロパガンダを復興し、海外在住のジャーナリストをそこに巻き込んでいった。レッドマンは日本でジャーナリストとして活動した経験を活かす形でこの新たな戦時プロパガンダに参加し、日本で活動した。しかし、その基本路線はメディアを通して日本をイギリス側に引きつけておこうとするものであり、シンガポールでの「反日プロパガンダ」に情報を提供した可能性はあるが、日本で実行されることはなかったと考えられる。イギリスに帰国後のレッドマンの活動は未だ詳らかではないが、プロパガンダ分野での活動に従事した可能性が高い。

第 3 章で取り上げた占領期日本での広報活動は、アメリカの影響を緩和することを意図していたことが明白であり、反日的なものではなかった。それよりもイギリス的な知的世界を適切に紹介することに意を用いており、そしてその知的世界に全幅の信頼を寄せている。今回取り上げた文書からはレッドマンの穏健な改革志向が見出され、アメリカが目指した占領政策の方針との違いが興味深いところであるが、その点についてのさらなる分析は本稿の範囲を超えるものであり、詳細な考察は後日に期したい。それでも注目されるのは、日英戦争開戦期に実施されていた日本における報道・出版状況の把握という作業が戦後も同様に実施されたことである。

本稿はヴィア・レッドマンの対日広報政策の全体像を分析したが、日本占領期のアメリカの方針に対するレッドマンの見解については、具体的な事例を取り上げてさらに考察する必要がある。そのことが今後の課題として残っていることを記し、擱筆することにしたい。

謝辞

この論文は科研費基盤研究(C)「アジアにおけるイギリスの広報政策—外務省情報調査局の活動を中心に—」による研究成果の一部である。

2021 年 6 月

註

[1] 中西輝政「英米「覇権交代劇」の世界史的インパクト—1920 年代の英米関係のあつれきと東アジア—」中西輝政編著『アジアをめぐる大国興亡史 1902-1972 年』（PHP 研究所、2020 年）60 頁。

[2] レッドマンの 1947 年以降の活動については、奥田泰広「占領期日本におけるイギリスの広報政策—外務省情報政策局の活動（1947 年）—」『愛知県立大学大学院国際文化研究科論集』第 21 号（2020 年 3 月）。

[3] Sir Hugh Cortazzi, "Sir Vere Redman, 1901-1975," in Ian Nish ed., *Britain and Japan: Biographical Portraits*, Volume II (Japan Library, 1997), pp. 283-300. それ以外には例えば、サー・セシル・バウチャー『英国空軍少将の見た日本占領と朝鮮戦争』（社会評論社、2008 年）185 頁：ヒュー・コータッツィ『日英の間で—ヒュー・コータッツィ回顧録—』（日本経済新聞社、1998 年）96 頁。

[4] Cortazzi, "Sir Vere Redman," p. 286.

[5] サンソムはイギリスにおける著名な日本学者としてよく知られている。例えば、平川祐弘『東の橘　西のオレンジ』（文芸春秋、1981 年）、9-42 頁。

[6] Peter O'Connor, *The English-Language Press Networks of East Asia, 1918-1945* (Global Oriental, 2010), p. 122.

[7] H. Vere Redman, *Japan in Crisis: An Englishman's Impression* (George Allen & Unwin, 1935).

[8] Cortazzi, "Sir Vere Redman," pp. 292-293.

[9] 池田徳眞『プロパガンダ戦史』（中公新書、1981 年）、39 頁。

[10] Philip M. Taylor, *British Propaganda in the Twentieth Century: Selling Democracy* (Edinburgh University Press, 1999), p. 45.

[11] 蓑葉信弘『BBC　イギリス放送協会—パブリック・サービス放送の伝統—［第二版］』（東信堂、2003 年）24 頁。Yoel Cohen, *Media Diplomacy: The Foreign Office in the Mass Communications Age* (Frank Cass, 1986), p. 16.

[12] Frances Donaldson, *The British Council: The First Fifty Years* (Jonathan Cape, 1984), p. 34.

[13] Ibid., p. 36.

[14] Ibid., p. 58.

[15] 芝崎厚士『近代日本と国際文化交流—国際文化振興会の創設と展開—』（有信堂、1999 年）32 頁。

[16] 同上、76 頁。

[17] Colonel Bridge to Lord Riversdale, "Baron Ino Dan," December 10, 1935, BW42/4, The National Archives, Kew [hereafter TNA].

[18] R.H. Clive to Anthony Eden, June 15, 1936, BW42/4, TNA.

[19] Donaldson, *The British Council*, p. 73.

[20] 横山學『書物に魅せられた英国人–フランク・ホーレーと日本文化—』(吉川弘文館、2003年) 66頁。
[21] 同上、68頁。
[22] Charles Bridge to J.L. Dodds, 29 January 1940, BW42/1, TNA.
[23] Charles Bridge to Ashley Clarke, 28 March 1940, BW42/1, TNA.
[24] Sansom to Charles Bridge, 8th February 1940, BW42/1, TNA.
[25] Charles Bridge to George Sansom, 16th February 1940, BW42/1, TNA.
[26] 1940年7月8日の記事が英国文化研究所からイギリスの大英博物館に送られている。British Library of Information and Culture to British Council, 22 July 1940, BW42/1, TNA.
[27] The British Library to the British Council, November 13th, 1940, BW42/1, TNA.
[28] 十重田裕一『岩波茂雄—低く暮らし、高く想ふ—』(ミネルヴァ書房、2013年) 228-230頁。
[29] 横山『書物に魅せられた英国人』67頁。
[30] R.L. Craigie to A. Duff Coopoer, February 7th, 1941, BW42/2, TNA.
[31] "Minutes of a Meeting held at H.M. Embassy. Tokyo on Wednesday, January 17th at 5:30 p.m.," BW 42/2, TNA.
[32] レッドマンが会議に参加したのは以下の通り。1940年1月17、26日、2月12、14、28日、3月8、13、20、27日、4月17、24日、5月1、8、15、22、29日、6月5、12日、7月3、10、17、24、30日、8月7、14、21、28日、9月18日、10月9、16、23、30日、11月6、13、20、27日、12月4、11、18、27日、1941年1月8、15、22、29日、2月5、12、19、26、28日、3月5、12、19、28日、4月2、9、30日、7月21、25日。
ホーレーも次のように参加している。1940年1月17日、26日、2月12、14、28日、3月20、27日、4月10、17、24日、5月1、8、15、22、29日、6月5、12、26日、7月3、10、17、24、30日、9月18日、10月9、16、23、30日、11月13、20日、12月4、11日、1941年1月8、15、22、29日、2月5日、12、19、26、28日、3月5、12、19、28日、4月2、9、30日、5月7、14、21、28日、6月4日、7月9、21日。
[33] "Minutes of a Meeting held at H.M. Embassy. Tokyo on Monday, February 12th, 1940, at 5.00 p.m.," BW 42/2, TNA.
[34] "Minutes of a Meeting held at H.M. Embassy. Tokyo on Wednesday, Feruary 21st at 5.00 p.m.," BW 42/2, TNA.
[35] "Minutes of a Meeting held at H.M. Embassy. Tokyo on Wednesday, March 20th, 1940, at 5.00 p.m.," BW 42/2, TNA.
[36] "Minutes of a Meeting held at H.M. Embassy. Tokyo on Wednesday, March 13th, 1940, at 5.15 p.m.," BW 42/2, TNA.

[37] "Minutes of a Meeting held at H.M. Embassy. Tokyo on Wednesday July 3rd, at 5.30 p.m.," BW 42/2, TNA.
[38] "Minutes of a Meeting held at H.M. Embassy. Tokyo on Wednesday, March 20th, 1940, at 5.00 p.m.," BW 42/2, TNA.
[39] "Minutes of a Meeting held at H.M. Embassy. Tokyo on Wednesday, July 17th, at 5.00 p.m.," BW 42/2, TNA.
[40] "Minutes of a Meeting held at H.M. Embassy. Tokyo on Wednesday, July 24th, at 5.00 p.m.," BW 42/2, TNA.
[41] 事件については、鳥居英晴『国策通信社「同盟」の興亡―通信記者と戦争―』（花伝社、2014 年）372 頁。
[42] "Minutes of a Meeting held at H.M. Embassy. Tokyo on Wednesday August 7th at 5.30 p.m.," BW 42/2, TNA.
[43] "Minutes of a Meeting held at H.M. Embassy. Tokyo on Wednesday August 14th at 5.00 p.m.," BW 42/2, TNA.
[44] "Minutes of Special Proceedings of the Committee, January 22nd," BW 42/2, TNA.
[45] "Minutes of a Meeting held at H.M. Embassy. Tokyo on Wednesday February 12th at 5.20 p.m.," BW 42/3, TNA.
[46] "Minutes of a Meeting held at H.M. Embassy. Tokyo on Wednesday 26the February, 1941 at 5.30 p.m.," BW 42/3, TNA.
[47] "Report on Activities of the Department of Information, British Embassy, Tokyo, and the British Library of Information and Culture for March, 1941," BW 42/3, TNA.
[48] "Minutes of a Meeting held at H.M. Embassy, Tokyo, on March 12th, 1941 at 5.15 p.m.," BW 42/3m, TNA.
[49] "Minutes of a Meeting held at H.M. Embassy. Tokyo on Monday, July 21st at 5.15 p.m.," BW 42/3, TNA.
[50] Cortazzi, "Sir Vere Redman," pp. 292-295.
[51] ジョン・モリス『戦中ニッポン滞在記』（小学館、1997 年）186-206 頁。
[52] 大庭定男『戦中ロンドン日本語学校』（中公新書、1988 年）217 頁。
[53] 大蔵雄之助『こちらロンドン BBC―BBC 日本語部の歩み―』（サイマル出版、1983 年）114-122 頁。
[54] Cortazzi, "Sir Vere Redman," p. 295.
[55] "The Diaries of Captain Malcolm Duncan Kennedy, 1917-1946", Sheffield University Library, August 28, 1943.
[56] 武田珂代子『太平洋戦争日本語諜報戦―言語官の活躍と試練―』（ちくま新書、2018 年）109 頁。
[57] John Morris, *The Phoenix Cup: Some Notes on Japan in 1946* (The Cresset

Press), 1947, pp. 6-13.

58 "Report on Information Work at H.M. Embassy, Tokyo, February 6 to December 31, 1946," FO953/45, TNA.

59 この領域についてはアメリカも注目していた。松田武『戦後日本におけるアメリカのソフトパワー—半永久的依存の起源—』(岩波書店、2008年)34頁。

60 岡崎匡史『日本占領と宗教改革』(学術出版会、2012年)54頁。

61 Tunnard Moore to Angus Gillan, 30 September 1946, BW42/1, TNA.

【書評論文】

ビルマをめぐるSOE研究の新動向

奥田　泰広

序章

第二次世界大戦期の東南アジアを舞台としたインテリジェンス活動について、研究史上重要な意義を持つ著作が出版された。本稿が取り上げるリチャード・ダケット（Richard Duckett）『ビルマにおける特殊作戦部の活動（*The Special Operations Executive in Burma*）』は、これまでほとんど検討されてこなかったイギリス特殊作戦部（Special Operations Executive : SOE）の極東での活動に焦点をあてつつ、その活動が軍事面および政治面でビルマに与えた影響を検討している[1]。その際、先行研究に対する批判的検討についても的確に行われており、高い学術的価値を持つ著作であると評価できる。

この著作が日本の研究状況に大きなインパクトを与えそうな理由は以下の3点である。まず、日本でもインテリジェンス研究が盛んになってきた一方で、いまだにSOEについて十分な知識が持たれていないことが挙げられる。工作活動についての研究手法は佐々木太郎らによって開拓されてきているのもの、SOEを直接的に取り上げた著作としてはリチャード・オルドリッチ（Richard Aldrich）の研究書を翻訳したものに限られている[2]。2点目に、東南アジアを舞台とした日英戦争の研究についても、特にイギリス側の史資料が十分に検討されてこなかった。3点目に、第二次世界大戦中に実施された特殊活動が戦後にもたらした政治的影響についてほとんど視野に入れられてこなかった。こうした理由から、本稿はダケットの研究の貢献について、これまでに日本で検討されてこなかったそれ以外の情報史研究も取り上げながら検討していきたい。

以下の各章では上記3点の視角からダケットの著作を検討していくが、ここではまず本書の概要を紹介しておく。本書は本論6章から成り、構成は以下の通りである（全270頁）。

序章　ビルマにおけるSOE（1941〜5年）
先行研究批評
プロローグ　ビルマ、その地理と人々
第1章　東方任務（1940年10月〜1941年12月）
第2章　東方任務と第一次ビルマ戦役
第3章　機構再編と初期の作戦（1942年8月〜1943年8月）
第4章　敵地侵入–ビルマにおけるインド任務–
（1943年9月〜1944年12月）
第5章　キャラクター作戦（1944年11月〜1945年9月）
第6章　ビレット作戦–ネイション、マニュアル、グレイン–
（1944年11月〜1945年9月）
エピローグ　1つの伝説か–136部隊と戦後ビルマ（1945年〜1950年）
結論

以下、本稿の各章では次のようにダケットの著作を検討していく。第1章ではSOEに関する先行研究を取り上げながら、ダケットの序章、プロローグ、第1章を検討する。第2章では、ビルマを舞台とした日英戦争を再検討しつつ、ダケットの第2章から第6章までを取り上げる。第3章では、戦後の英緬関係を再検討しながら、ダケットのエピローグと結論を取り上げる。

第1章

第二次世界大戦中に活動したイギリスの工作機関であるSOE自体の研究は、イギリスでは近年著しく進捗している。そもそもイギリスにおいて情報史研究が発展する過程において、公式史（official history）が真っ先に刊行されたのがSOEのフランスにおける活動についてであった[3]。SOEは、ダンケルクの戦いで英仏陸軍がヨーロッパ大陸から撤退した後の1940年7月に設立され、非公然な方法を用いてドイツを押し返すことを目的とした[4]。特に、SOE

の設立にあたってチャーチルが発した「ヨーロッパを燃え上がらせろ（set Europe ablaze)」という言葉が広く知られている[5]。

しかし、その後のイギリス情報史研究は、インテリジェンス活動の中でもシギントに関する史資料公開の進捗を取り入れることに集中し、SOE に関する研究はやや遅れるようになった[6]。例えば序章で紹介したオルドリッチの著作も、シギント研究の進捗を取り入れることに力を入れており、数ある情報機関の 1 つとして SOE の活動を描いている[7]。しかし、2000 年代にそうした状況は改善され、SOE 研究がふたたび活性化し、マーク・シーマン（Mark Seaman）やネヴィル・ワイリー（Neville Wylie）の編集による SOE 研究論文集が出版されてきた[8]。現在は、その執筆者らが単行の研究書を続々と出版しつつある。

にもかかわらず、これら最近の研究論文集においても SOE のアジアにおける活動はほとんど取り上げられてこなかった。SOE のアジアにおける活動については 1986 年に刊行された公式史としてチャールズ・クルックシャンク（Charles Cruickshank）の『極東における SOE（*SOE in the Far East*)』が存在するのだが、シーマンによる「満足できる出来でない」という評価がある一方で、それに代わる研究はほとんど蓄積されてこなかったのである[9]。こうした情勢は、ここで取り上げるダケットの研究の重要性を目立たせる結果になっている。そこで、ここではダケットの議論を紹介しつつ、クルックシャンクの研究との比較を行うこととしたい。

ダケットは序章において、SOE の極東における活動の開始について概観している。SOE のヨーロッパにおける活動では、非公然に作戦を実行するための通称「補助部隊（Auxiliary Units)」が立ち上げられたが、アジアにおいても同様の発想から、1940 年、セントジョン・キラリー（St John Killery）を長官とする極東任務（Far Easter Mission : FEM）あるいは東方任務（Oriental Mission : OM）が設置された（2 頁)。こうした準備が行われた上で、1941 年 12 月 7 日、真珠湾攻撃の 30 分ほど前に日本軍がマラヤのコタバルに侵攻し、日英戦争が始まったのであった。しかし東方任務には、日本の急速な進軍に対抗できるよう「補助部隊」を残置する作戦を実施するための十分な準備期間があったわけではなかった。その点についての研究はこれまでなされてこなかったため、その隙間を埋めるのがこの研究の目的だと記し、ダケットの序章は終わる（4 頁)。

序章に続く「先行研究批評（Literature Review）」は、ダケットの研究の意義を考える上で極めて重要な役割を果たしている。ダケットはこの部分を「軍事的議論（The Military Debate）」と「政治的議論（The Political Debate）」に分けているが、いずれも貴重な論点を含んでいるため、ここでもダケットの議論に沿って紹介しておきたい。まず「軍事的議論」部分で重要なのは、唯一の先行研究と言えるクルックシャンクの著作の位置付けである。

ダケットによれば、クルックシャンク以前にもSOEの活動を暗示する著作は存在していた。すなわち、M・R・D・フット（M.R.D. Foot）がSOEのヨーロッパに関する活動を公式史の枠組みで公表する以前に、サー・ウィリアム・スリム陸軍元帥（Field Marshal Sir William Slim）が回顧録を公刊し、そのなかで1945年4月の遅滞活動（delaying action）の重要性について記していたのである（5頁）。この遅滞活動にSOEが関わったものと考えられるが、スリムはそのことに直接言及できなかったため、その後に公刊された第二次世界大戦の公式史でも SOE の極東における活動に触れられることはなくなり、その後の戦史研究でもそれを踏襲する潮流が続いてしまったという（6頁）。

そうした中でSOEに関する公式史がフットによって刊行され、クルックシャンクの公式史も刊行されたのだが、ダケットによれば、クルックシャンクは極東情勢の専門家ではなかったために、それ以前の研究で構築された議論を乗り越えることができず、極東におけるSOEの活動をほとんど達成が無かったものと位置付けたのであった（7頁）。しかし、SOEのマラヤにおける活動についての研究がクルックシャンクの公式史以降に出版され、現地での活動についてより綿密な検討がなされた結果として、SOEの功績について肯定的な評価がなされるようになってきた（8頁）。ダケットは、こうした研究状況を踏まえて、いまだに研究がなされていないビルマでの活動を検討することがこの研究の目的だとしている。なお、この後、各章における検討内容の概観がなされている。

続く「政治的議論」で取り上げている内容も極めて重要であり、本稿では改めて第３章でこの論点を取り上げる事になる。それは、SOEが戦後に与えた政治的影響である。これまでSOEのヨーロッパにおける活動については、SOE が実施したプロパガンダ作戦など政治に対して直接的に影響した側面が検討されてきた。しかしビルマでは、SOEの活動は基本的に軍事活動を中心としたため、その軍事活動がその後の政治状況に影響する作用を持ったのであった（15 頁）。すなわち、SOE はビルマにおいて日本占領下のビルマに存在した独立派との連携を画策し、その活動とイギリス軍の行動が合致することでビルマ奪回を果たしたのであった。その結果、イギリス軍に協力した独立派の政治的発言力が強化されるという結果を生み出すことになった。

しかしながら、これまでの先行研究では、SOE が有した政治的影響力について十分な評価を行なってこなかった。ダケットは特に英緬関係研究の大家ヒュー・ティンカー（Hugh Tinker）の主著『ビルマ連邦（*The Union of Burma*）』を取り上げ、そこで SOE が総司令官と「連絡を取りつつも、決してその指揮下に置かれることなく」活動したと記したことを問題視している（16 頁）。ダケットが本論で実証するように、SOE は秘匿性の高い活動をしていたが故に指揮命令系統から外れていたが、総司令官の方針にしたがって活動していたのであった。実際、ティンカーがこのビルマにおいてイギリスの第 14 軍に従軍していたことも影響していた可能性がある。本論で検討される通り SOE と軍部の間で深刻な摩擦が生じていたため、それがティンカーの SOE に対する低い評価に反映されている可能性がないわけではなかった。いずれにしても、この「政治的議論」も重要な指摘であり、本稿では第 3 章で再度検討する。

このような準備を経た上で、「プロローグ」では簡潔にビルマの地理と民族構成を紹介している。そうした説明は欧米読者向けの基本的な内容なのでここでは大きく取り上げないが、カレン族とカチン族（1931 年人口統計でそれぞれ 136 万 7673 人と 40 万人）がイギリス政府に協力的であり、特にカレン族がイギリスと同盟関係にあったとしている（ビルマ族は 1931 年人口統計で 962 万 7196 人）（24 頁）。

続く第 1 章では東方任務の設立について検討されるが、冒頭からクルックシャンクの議論について問題点が提示される。クルックシャンクの議論に基づいたこれまでの定説では、東方任務を受け入れる側の在シンガポール司令部が切迫感を感じておらず、消極的態度に終始して効果的な活動を展開できなかった、というものであった。ダケットによればそれは事実誤認であり、1940 年 6 月にフランスがドイツと休戦したことが日本軍の仏印進駐を誘発し、現地でも日本軍に対する危機感が強まったとしている（28 頁）。

ダケットが証拠として示す次の二つの史資料はきわめて重要である。1 つは 1941 年 2 月に作成された覚書で、SOE を管轄する担当大臣ヒュー・ドールトン（Hugh Dalton）の補佐官グラッドウィン・ジェブ（Gladwyn Jebb）

のために用意されたものであった。そこでは、日本軍の侵攻が始まった場合に備えて周辺国・勢力との協力を深めるとともに、枢軸国の経済を破滅させるためにサボタージュやプロパガンダの準備を始めるものと書かれていた（31頁）。もう1つは1941年4月にキラリーが作成した文書で、日英戦争が勃発した場合には極東全域においてあらゆる手段で反日活動を展開できるよう準備することを求めるものであった。その手段には、インテリジェンスの収集と共有、非公然なプロパガンダの実施、日本軍内でのレジスタンスの教唆などが含まれていた（29頁）。また、キラリーの文書は、活動の秘匿性を確保するため、本国政府が現地司令官や政府外交代表と直接連絡することを求めていた。これら二つの文書についてクルックシャンクが全く言及していないことを、ダケットは問題視している。

ダケットはこうした証拠の数々から、SOEの東方任務はその秘匿性のゆえに限定的な痕跡しか残していないが、これまでの歴史家はそのことをSOEの重要性が低いものと誤認し続けてきたとみなしている。この後もこうした例示が続けられ、人材育成に重要な役割を果たした特別訓練学校（Special Training School［以下、STS 101と略す。101は所在地名に由来する］）をキラリーがシンガポールに設立した際にも、現地トップが協力したことが記されている。例えば、ビルマ総督サー・レジナルド・ドーマン＝スミス（Sir Reginald Dorman-Smith）は積極的にキラリーに協力した（40頁）。ただし、東方任務は日本軍の侵攻–すなわち現地トップにとっての失策–を前提とした活動であったため、極東方面軍総司令官ロバート・ブルック＝ポパム（Robert Brooke-Popham）はキラリーがアジア人を工作員として雇用することに反対した。ただし、それはSOEの活動に無理解であったというよりは、この地域の防衛に直結するインテリジェンス活動に資源を利用すべきという考えに基づくものであった（41頁）。

このように、ダケットは綿密な調査によってクルックシャンク以降の定説に誤りがあることを明確にした。しかし、それはあくまでも日英戦争以前に上層部において SOE に対する理解があったことを明確にしたのみで、1941年12月7日以降のSOEの活動の効果を示したものではない。ダケットの議論の本体については次章で検討する。

具体的な検討に入る前に、クルックシャンクの著作の全体像を振り返っておきたい。ダケットの徹底的な検討がその問題性を明らかにしたとはいえ、それはあくまでもビルマに関係する範囲に限定されることに注意が必要である。それ以外の極東地域におけるSOEの活動については十分な研究が蓄積されておらず、いまだにクルックシャンクの著作に依拠せざるを得ない。1983年に出版されたこの著作は二部構成で、「第一部　技術」は活動内容についての概説になっている（7章構成：リクルート、訓練、指揮命令系統、装備、作戦開始、連絡、生き残り）。「第二部　特殊作戦」は地域別の活動を中心として考察しており、最後に結論が付されている（11章構成：東方任務、インド任務、シャム、仏領インドシナ、スマトラ、中国、ビルマ、マラヤ、ミケラム・リモース・グレンヴィル作戦、心理戦、捕虜奪回）。

第2章

SOEの極東における活動についてクルックシャンクの評価に問題があることをダケットは示したわけであるが、その具体的な検討についてはダケットの著作の第2章から第6章にかけてなされる事になる。ここでダケットが注目しているのは、各作戦の評価がクルックシャンクと当事者のスリムの間で異なっていることである。しかもその違いについてクルックシャンクは明確な根拠を記しておらず、ダケットがその欠落を綿密に埋めていくことになる。本章ではダケットが提示するさまざまな事例を簡潔に提示することに意を用いたい。ただし、ダケットの著作はSOEの活動を描くことに意を用いており、ビルマにおける日英戦争の経過については十分ではない。その点については日本語訳のあるルイ・アレン（Louis Allen）『ビルマ（*Burma*）』の叙述が参考になる。ダケットはアレンがSOEについて記述していないことを不満に感じているが、それ以外の点については繰り返し参照している[10]。

ダケットは第2章で第1次ビルマ戦役を取り上げ、日英戦争が勃発した1941年からイギリス軍がインドに撤退した1942年5月までの半年間を検討している。とはいえ、ビルマ戦役自体は1942年2月に行われたシッタン橋退却戦で帰趨が決定してしまい、それまでの間SOEはほとんど効果的な準備をできなかった。ビルマ防衛問題についてインド方面軍と極東方面軍（のちにABDA軍）のどちらが管轄するのか長々と議論が続いた結果、SOEに「残置計画（"left-behind" scheme）」の準備が指示されたのは、ようやくこの「史上最大の撤退戦」（アレンの表現）で敗れた三日後のことだったのである（51頁）。その結果、SOEが現地住民から残置要員を選抜する際に「野心的な機会主義者」との風評があるビルマ族であっても利用するほかなかった。しかし、日本軍がアウンサン（Aung San）少将率いるビルマ独立軍を利用した結果、SOE 内ではビルマ族を利用することに懐疑的な態度が生まれた（54 頁）。

こうした経緯を見れば、ビルマにおける SOE の活動は低調であったように見えるが、ダケットはこれまで見逃されてきた資料に着目している。それは、ビルマ総督の承認によって雇用された残置要員が、実際には SOE の指示を受けて活動していたことである。例えば、ビルマ南部地域の指揮官に任命されたアルフレッド・オッタウェイ（Alfred Ottaway）大尉は、STS 101 で森林戦を学んだ経験を持ち、管轄地域に進軍した日本軍に対する遅滞活動に従事した（58 頁）。また、カレン族部隊を率いたヒュー・シーグリム（Hugh Seagrim）少佐は、日本軍侵攻後も 1944 年 2 月まで残置部隊として抵抗活動を継続した（60 頁）。ダケットはこのような遅滞活動のその他の事例として、シャン州で中国軍と協力したノエル・ボイ（Noel Boyt）大尉とアーサー・トムソン（Arthur Thompson）や、カチン州での破壊活動について取り上げている。SOE によるこれらの遅滞活動は、ダケットによれば、第一次ビルマ戦役の帰趨を覆すことはできなかったが、日本軍による包囲作戦を妨害し、イギリス軍の撤退戦に貢献したのであった。

第 3 章ではインドに撤退した東方任務が再組織化される過程が描かれる（1942 年 8 月～1943 年 8 月）。インドでは東方任務とは別にインド任務（India Mission）が 1941 年 4 月に立ち上げられており、コリン・マッケンジー（Colin Mackenzie）が長官を務めていた。この時期、イギリスは「インド帝国を失うという本当の危機」に陥っていると考え、マッケンジーも SOE の基本方針である残置部隊の組織化を検討していた（72 頁）。ビルマから撤退した東方任務はその組織化の過程においてインド任務との統合がなされ、結果的にイギリスが日本を押し戻す際の原動力となっていくのであった。マッケンジーに与えられた課題は多く、特にインド任務の管轄範囲が以前のイラン・アフガニスタン・チベット・インドから東南アジアを含めたものになったことや、インドで「クウィット・インディア」活動が始まったことに対処しなければならなかった。しかし、東方任務での失敗が教訓となり、インド任務がアジア人工作員を雇用することについて軍部の理解も得られるようになった（83 頁）。もちろん、アジア地域の言語が多様なだけでなく、教育水準も格差が大きかったために、工作員の育成には多大な困難があった（82 頁）。とはいえ、この時の再組織化の一環として対象国ごとに各部署が設置され、その 1 つであるビルマ担当部（Burma Country Section：BCS）がビルマ奪回に中心的な役割を果たすことになった（76 頁）

インド任務における再組織化を考える際、アメリカの戦略情報局（Office of Strategic Services：OSS）の動向も見逃すことができない。1942 年 9 月に取り交わされたロンドン協定で SOE と OSS の管轄範囲が決定された際、インドは SOE の管轄とされ、OSS はインドに連絡担当者を置くことしかできないとされた。しかし、蒋介石の参謀長であったアメリカのジョセフ・スティルウェル（Joseph Stilwell）中将がインドからビルマに展開する形での援蒋ルートの確立を目指し、蒋介石の情報機関を統括していた戴笠がアメリカの影響力をインドに追いやろうと画策したため、ロンドン協定を無視する形でインドに OSS の第 101 分遣隊（Detachment 101：Det.101）が派遣された。この結果、両国の間で再調整がなされ、1943 年 8 月、OSS はビルマ問題に関係するという口実に基づいてインドで自由に行動できることになり、SOE も中国において同様の権限を持つことになった（91 頁）。英米情報機関の角逐はオルドリッチの研究が主題としているところであるが、それがビルマでも起こっていたことをダケットは明らかにしている[11]。この間、イギリス軍はオッタウェイら残置部隊との連絡を意図して何度か空挺部隊を派遣しているが、いずれも失敗した（95 頁）。

第 4 章では、再組織化されたインド任務がビルマ奪回を開始する過程を描いている。その際に中心的な役割を果たした BCS は、1943 年 8 月のケベック会談の結果として東南アジア司令部（South East Asia Command：SEAC）が設置されたこと、その司令官にルイス・マウントバッテン（Louis Mountbatten）大将が就任したことで強い支援を受けることとなった。この体制のもとで展開された数々の作戦のうち、5 つを本章では描いている。この中で一番早く取り組まれたのが「ディルウィン作戦」で、1942 年のインドへの撤退直後から計画されたものであった。それはビルマ北部に居住するカチン族との連携を図るもので、軍事輸送や日本軍の河川利用妨害など、あらゆる非公然な手段を用いた侵攻作戦であった。実際にこの作戦は二人のカチン族将官–クムジェ・タウン・ワ（Kumje Tawng Wa）士官とシェーン・ローン（Shan Lone）大尉–の指揮のもと実行された。前者は 1943 年 3 月に空挺作戦によってフォートヘルツを拠点とし、後者は陸路で 8 ヶ月間かけてその拠点に到着して前者を引き継いだ（106 頁）。しかし、ここでは同時期に侵攻した OSS との間で激しい競争が展開され、作戦は混乱し続けた。

ビルマ再侵攻にあたって摩擦が起きたのはアメリカとの間だけではなかった。シャン州を舞台とした「スピアーズ作戦」は、シャン州最東北のコーカン領主（英領）が日本軍の侵攻を迎え撃つのを支援しようとするものであったが、コーカン領主の祖先が17世紀に中国から逃れてきた経緯があったため、コーカン領主は中国に保護を求めることも考えていた。イギリス側でも中国の軍事的支援に期待する声があったが、もしそうなれば将来的にコーカン州の帰属に影響する事になるため、イギリス政府は早期に結論を出すことを渋った。こうした状況において、積極策を希望したイギリス秘密情報部（Secret Intelligence Service : SIS）がSOEによる攻勢を支援したため、インド任務はポール・ヘクター・ムンロ＝フォーレ（Paul Hector Munro-Faure）を長官とする部隊を派遣することとした（112頁）。この時、ムンロ＝フォーレが中国の昆明に拠点をおいて活動したため、イギリスは中国の助力を期待することができた一方で、中国に借りを作ることになった（116頁）。南部シャン州で展開された「ハイントン作戦」でもイギリスは中国に頼らざるを得ず、作戦後期には時間稼ぎをする中国に悩まされることになった（117頁）。

このようにビルマ北部・東部で展開された作戦だけでなく、第4章後半ではビルマ奪回のメインルートとなる西部における作戦–「ビレット作戦」–も分析されている。ビレット作戦についてのより綿密な分析は第6章でなされるが、ここではイギリスがこの反攻準備段階で日本によるビルマ統治の評価を行っていたことが注目される。イギリスは1942年6月にバンコク駐在日本大使から本国外務省に送られた無線を傍受し、日本政府がビルマ人の「日本に対する憎悪感情」を懸念していることを察知した（121頁）。そして、そうした感情を緩和するために日本がビルマに早期の独立を与え、ビルマの政治家達を操作する意思を持っていることまでも、イギリス政府は把握していたのであった。イギリスはそうした状況をよく把握したうえで、日本からの真の独立の実現を目指すビルマ国防軍との連携を図る「ビレット作戦」を実施したのであった。そしてビルマのナショナリストとの協力関係を結んだことで、対日勝利後のビルマ情勢への政治的な影響を回復しようとした。

第5章で検討されるのは、長期間にわたって展開された「キャラクター作戦」である。この作戦は、インドへの撤退後もビルマで残置活動を続けたシーグリム少佐との連絡回復を目指した「ハーリントン作戦」の後継作戦であった。ハーリントン作戦自体は、何度か工作員をビルマに潜伏させることに成功したものの、いずれも日本の憲兵隊に見つかって殺害され、1944 年 10

月に作戦は終了した。これを引き継いだキャラクター作戦は、同じようにビルマに工作員を送り込むのであったが、今度はイギリスのビルマ奪回に大きく貢献することになった。この作戦では送り込まれた部隊が相互に独立して活動していたため(128 頁)、ここではそれぞれの活動の詳細は紹介しないが、改善された点を 2 点のみ記しておく。1 つは、ジャングルでの情報活動のために民族を問わず現地住民をリクルートした P 部隊（P Force : P は長官であったエドガー・ピーコック［Edgar Peacock］中佐の名に由来する)）の訓練が効果を持ち始めたことであった。もう 1 つは、SOE のヨーロッパでの活動で得た教訓がアジアにも持ち込まれ、ジェドバラ（jedburgh）が導入されたことであった。ジェドバラは、各潜入部隊にそれぞれ 3 人(現地に詳しい者、英米人の士官、無線通信員）構成のジェドチームを随伴させるもので、当事者によって賛否両論があるものの、概ね効果的であったと評価されている（134 頁)。

キャラクター作戦の成果は以下の通りであった。この作戦に 80 人のイギリス士官と 30 人の下士官のほか、100 人のビルマ族・カレン族士官が関わった。そして、内部の事後調査書によれば、キャラクター作戦が関与した地域では、日本軍に 11874 人の戦死者を出した（145 頁)。こうした SOE の支援を得ながらイギリス軍はビルマ戦を進め、1945 年 5 月にラングーンを奪還した。しかし、この後もビルマ国内で日本軍が抵抗を続けたにもかからずイギリス軍はマラヤ侵攻に意識が逸れ、ビルマ国内でのイギリス軍の活動は低下した。そうした状況で SOE の活動が継続されることとなり、それが戦後ビルマの政治情勢にも影響することになる。

第 6 章が検討するビレット作戦は、その対象がビルマ族を中心としていたため、政治的影響も極めて大きいものであった。すなわち、BNA や反ファシスト組織（Anti-Fascist Organisation : AFO）との連携を模索する中で、アウンサンとの協力も始まることになる（アウンサン自身は態度を明確にしなかった)。この作戦の始まりは興味深いもので、1942 年 7 月、タキン党（われらビルマ人）に属する共産主義者 2 人がイギリスの協力を求めてインド任務に飛び込んだのが発端であった(152 頁)。このうちの 1 人、テインペー(Thein Pe）は、ファシストとのいかなる連携も拒絶する党派に属しながら、日英戦争勃発当初は一時的に日本と協力することを受け入れていた。しかし、この段階では日本の統治を見限り、イギリスとの協力を求めたのである。イギリスは当初テインペーを懐疑的に見ていたが、やがて利用価値があると評価を一転させ、ビルマ内に内通者を生み出す計画–ビレット作戦–に起用することとしたのである。テインペーは1943年以降、中国共産党との連携によって日本を包囲することを目指して活動した（153頁)。また、もう1人のビルマ人ティンシュエ（Tin Shwe）がビルマに戻り、内通者を拡大する拠点を作ることに成功した。

この時、アウンサンの扱いについてイギリス政府内で摩擦が起きている。アウンサンはテインペーと異なり、当初から日本と協力してイギリスと戦う方針の党派に属した。そのため、インド任務がアウンサンと接触しようとした一方で、イギリス軍部はそれに反発し、スリムが136部隊（1944年3月以降のインド任務の組織名）の活動停止を提案するところまで関係が悪化していた。この齟齬は、1945年1月に連合軍東南アジア方面陸軍司令部での会議で一時的に解消されたかに見えたが（スリムは欠席)、実際に軍と情報組織との協働作戦の過程で再度摩擦が生じ、ビレット作戦で獲得された内通者がイギリス軍の標的となる可能性が生まれた。最終的には東南アジア地域連合軍総司令官マウントバッテンの決定により、情報組織に対する軍の介入は抑制されることになった（165頁)。とはいえ、インド任務もAFOの協力を完全に信頼していたわけではなかった。AFOからの情報を分析したビレット作戦統括者エリック・バタースビー（Eric Battersby）少佐は、日本の敗北が決定すればビルマの対英反抗が始まる可能性があることを予見していた（168頁)。

軍と136部隊との協力の度合いはビレット作戦の各方面で異なっていたが、キャラクター作戦時よりは改善されていたとされる。ビレット作戦は具体的には次のようにビルマの3地域で実施された–①マニュアル作戦：ビルマ南西部のアラカン州、②グレイン作戦：マンダレーを中心とする上ビルマ、③ネイション作戦：ラングーンやトングーを含む下ビルマ。いずれの地域においてもイギリス軍に対する不信感は残っていたが、対日戦の勝利が確かに見えるようになるにつれて支持者も増え、ビレット作戦の効果が増大した。136部隊が残した記録によれば、各地域での136部隊の活動はAFO内の共産主義者の支援を受けたが、BNAはかなり非協力的であった（174頁)。ただ、AFOとBNAの指導者は共通しているため、このように記録されていることは理解し難いことであるが、ダケットもその理由を明らかにできないとしている。

アウンサンとスリムが会談したのは、ラングーンを奪回して2週間後の1945年5月16日のことであった。アウンサンはビレット作戦の恩恵に浴していたが、アウンサン自身がイギリスへの協力を明言したことはなく、そうした曖昧な態度を貫くことによって自身の政治的立場を高めることができた。スリムは解放後のビルマにはイギリス統治が回帰する前提で会談に臨んだが、アウンサンは大胆にも AFO によって設立された暫定ビルマ政府を代表する姿勢を示した（175 頁）。ビルマ領内に未だ 5 万人もの日本兵が残留していたが、アウンサンはさらにその方向性を強め、6 月末には BNA の名称をビルマ愛国軍（Patriotic Burmese Forces : PBF）に変更した。興味深いのはイギリスの内部で対応が分裂したことである。イギリス軍部はビルマにおけるこうした独立機運の高まりを 136 部隊の責任だと考えたが、バタースビーはむしろ、止めようのないナショナリストとの関係悪化を防止したという点で貢献であったと考えた（176 頁）。

第 3 章

前章までの内容においてダケットは SOE 研究として十分な考察を示しているわけであるが、その後に続くエピローグと結論部分においても重要な指摘を行なっている。それが十分に検討の意義がある理由は、インテリジェンス活動が有する政治的影響力について考察する機会を提供しているからである。特に SOE のビルマにおける活動は、対日戦の勝利という大目標を達成するために、かつての植民地において独立派の支援を必要としたという特質を持っていた。実際にこの後はビルマが本当の独立を遂げることになるのであるから、その立役者と SOE との戦時中の関係は、改めて戦後政治の観点から再検討する意味を有している。ここではまず、ダケットの議論を紹介しておきたい。

ダケットはエピローグで戦後 5 年間のビルマ情勢を考察する。まず取り上げるのは、終戦からビルマ独立までの情勢と SOE の関与についてである。最初に紹介したようにティンカーの研究に留保を置く必要があるのは、それが SOE についての十分な検討をする以前の研究であって、軍部の観点に重点が置かれていることである。ダケットが明らかにしたように、ビルマ戦役後期において SOE と軍部との摩擦は明白なものとなっており、マウントバッテンの調整によってなんとか決定的な対立を迎えるのが回避されていた。しかし、戦争が終わってビルマの独立機運が高まると、独立派との連携の最前線にたった SOE が指弾される立場に置かれたのである（181 頁）。すなわち、SOE が AFO や BNO と連携して訓練したことによって、イギリス軍部が想定していた以上の期待を SOE は与えてしまったのであった。

イギリス軍部の想定は、対日戦の終了までに十分な時間をかけてイギリス統治の回復を適切に実施する、というものであった。しかし、そうした想定は覆され、原爆を落とされた日本が予想以上に早く降伏したことために、イギリスは早期にビルマ情勢を安定させせなければならなくなった。この結果、イギリスは独立派と妥協することが不可欠となり、このようなイギリスの弱みを巧みについたのがアウンサンであった。アウンサンは PBF がイギリス軍に編入されるのを拒否し、人民義勇団（People's Volunteer Organisation：PVO）を組織した。

イギリスの政治情勢もビルマに有利な環境を作った。1945 年 7 月の総選挙でクレメント・アトリー（Clement Atlee）率いる労働党政権が成立し、アトリー首相がインドやビルマの独立に好意的な態度をとったのである。この結果実現したアウンサン・アトリー会談をへて、1947 年 1 月にビルマの独立が約束された。その意味で、SOE の活動はやはりビルマ独立と深い関わりを持ったと言わざるを得ない。

ただ、皮肉なのは、SOE がカレン族との関係も深めたことである。ビルマ族による統治を何より嫌うカレン族は、ビルマ族中心の国家形成がなされるよりは、イギリス統治の下で自治権が保証されることを望み、イギリスに忠実であろうとした（185 頁）。アウンサンは「少数民族」の自治権について検討するために 1947 年 2 月にパンロン会議を開催するが、カレン族は代表を派遣しなかった。戦後のビルマ族とカレン族の対立は、もちろんビルマにおける多民族状況が大きな要因ではあるが、それぞれが戦時中に SOE と協力したあり方も無視することができない。

なお、ビルマは 1948 年 1 月 4 日、英連邦に留まらず、大統領制を採る国家として独立するが、それに先立つ 1947 年 7 月 19 日、アウンサンは暗殺された[12]。その首謀者はウソウ（U Saw）とされるが、暗殺に用いた銃器を提供した 2 人のイギリス士官が逮捕され、有罪とされた（190 頁）。このあとダケットは 1990 年代の BBC 番組「忘れられた同盟（Forgotten Allies）」の一事例として紹介されたカレン族との関係について取り上げているが、本論からやや逸れるためにここでは取り上げない（190 頁）。

続く結論で、ダケットはこれまでの検討をまとめた上で、特殊作戦全般についての考察を進めている。ここでは前者について繰り返さず、後者についてのみ検討する。まずダケットは、本書が検討したようなアジアにおけるSOE の活動が研究されてこなかったことについて、SOE 研究史がこれまで「ヨーロッパ中心的視角」にとらわれたとしている（204 頁）。その上でダケットは、SOE の活動について知らされていなかった軍部や外務省の妨害を除去するため、折に触れてトップの決断がなされ、軍部や外務省に対して明確な指示が出されていたことを指摘している（205 頁）。特に SOE が担当した特殊作戦は、現在とは違ってその戦時における有用性は確証されておらず、それにもかかわらずそれを利用するには、トップにおける勇断が必要とされた（206 頁）。その意味で、軍部の不満を抑えて SOE に権限を与えたマウントバッテンも、当初は渋々ながら SOE に協力したスリムも、いずれも高く評価できる指導者だったといえよう。

ダケットの結論まで検討したところで、その政治的議論について本稿としての考察を行なっておきたい。ダケットは極めて重要な指摘をしており、第二次世界大戦がビルマ独立に与えた影響についてこれまでなされてきた議論が、SOE による特殊活動の観点を含んでいなかったという点は再検討に値する。特に、SOE がビルマ国内の独立派との協力関係を基盤としていたことは、大戦後の政治状況に直接影響するものであり、そのことを十分に評価していないビルマ独立史は、少なくともイギリス側の分析については不十分である。とはいえ、先行研究の不備に関するダケットの指摘は SOE が直接関与した部分に集中しており、たびたび登場するイギリス軍の関与について深く分析したものではない。その結果、ビルマ独立にいたる英緬関係全体の分析については、いまだにティンカーの考察に依拠せざるを得ないことに大きな変化はなさそうである。

そこでここからは、ダケットが明らかにした点を踏まえた上で、ビルマ独立に至るティンカーの叙述を振り返りながら、英緬関係におけるイギリス軍の影響を検討しておきたい。ダケットの指摘する通り、ティンカーの叙述は SOE についての理解が浅く、イギリス軍の行動をより重視する傾向があるが、それでもイギリス軍の方針が持っていた問題性についても触れていないわけではない。例えば、第２章においてアウンサンがビルマ国民軍（BNA）をビルマ愛国軍（PBF）に変更したことを紹介したが、ティンカーはその背景について『ビルマ連邦』の中で詳しく叙述している。それによれば、イギリス軍部が BNA を支援する危険性を訴えていたのに対して、マウントバッテンはその訴えを退け、イギリス政府の同意を得る前に総司令官の立場においてPBF を承認したのであった[13]。ティンカーの叙述は決してマウントバッテンを称揚するものではないが、かといって軍部の立場に肩入れしているものでもない。

それ以外にもティンカーは、イギリス軍部の行動を詳しく叙述している。対日勝利後のビルマ統治についてはイギリス軍による軍政が敷かれたが、その過程において PBF が再編された。それによって PBF は新たな正規軍となったが、この正規軍に志願した PBF 兵士は 4700 人で、残りの 3500 人はアウンサンが編成した人民義勇団（PVO）に参加した。この過程においてイギリス軍はアウンサンを代将として軍を指揮することを打診したが、アウンサンはこれを拒否して PVO を編成した上で、政治活動に参入したのであった[14]。ティンカーの筆致は客観的で、決してイギリス軍の非を唱えるものではないが、イギリス軍によるビルマ政治への介入が独立派の態度硬化を促した側面があることを想起させるものとなっている。

アウンサンの政治活動は AFO の活動を発展させたものであった。1945 年 8 月 19 日に AFO を反ファシスト人民自由連盟（Anti-Fascist People's Freedom League : AFPFL）と改名し、その目的をビルマの国家としての独立とした。当時、軍政側はビルマを「英連邦の中での完全な自治政府」とし、シャン州などの辺境地域を「総督支配下の特別な統治体制下」におくものとしていた。これに対してアウンサンは、ビルマ人民側の明確な反対姿勢を示そうとしたものであった。こうした情勢の中でマウントバッテンは民政移管を決断し、ビルマ総督ドーマン＝スミスによる統治が回復されることとなった[15]。以降、AFPFL は総督府との交渉のもとでビルマの統治体制が決定されていくこととなった。その際、アウンサンが編成した PVO は総督府に対する無言の圧力として機能した。

ダケットとティンカーの叙述を比較して分かることは、確かにダケットの研究が情報史研究として優れたものであることが確認できる一方で、それで議論が尽くされたわけではないことである。ティンカーの議論に SOE の視点がないことは確かに問題と言えるが、ダケットのいう「政治的議論」については、軍と情報部の関係性を政治的視点で総合し、その上で戦後のビルマ情勢を再検討する必要がある。その意味でダケットの議論は十分ではないが、議論をそこまで進めたことは大きな貢献と言えることは間違いないであろう。

終章

最後に、これまでの検討を通してダケットの著作に関する情報史研究における位置付けを行い、結論としたい。

第1章で検討したように、ダケットの著作がSOE研究史に果たす貢献は極めて大きい。SOEの極東での活動についてはこれまでほとんどなされてきておらず、クルックシャンクの研究に問題があることが指摘されてきたものの、具体的な研究成果は蓄積されてこなかった。ダケットはビルマを舞台としたSOEの活動をSOE研究史の全体の中に位置付け、その軍事的影響と政治的影響の相違を意識した分析を進めた。SOEは敵国内に味方を作りながら（アジアでは味方を秘密裏に残置する作戦も並行しながら）進めるものである以上、第二次世界大戦後の脱植民地化の潮流と深く結びつくものとなった。そのことをダケットが意識しながら分析を進めたことは、SOE研究をより広く政治史の文脈で捉え直す契機を生み出すことになった。

第2章で検討したのはダケットの著作の本論にあたる部分である。ダケットはインド任務と東方任務の具体的な作戦を検討しながら、イギリス側に軍部と情報組織の間で摩擦が生じていたことを明らかにした。アジアでの作戦展開にあたって両者の作戦意図に相違があったことは、第1章で記していた軍事的影響と政治的影響の相違を連想させるものとなり、ここでも戦後のビルマ独立問題を想像させる叙述となっている。叙述自体は各作戦に関する詳細な分析を中心としており、軍事史研究としての性格が強く、その点においても適切な分析がなされている。ただし、工作活動の叙述が多くを占めることから、日英戦争の概要についてはそれほど紙幅があてられていない。

第3章では、ビルマにおけるSOEの活動が戦後に及ぼした政治的影響について考察した。そこで注意すべきは、ダケットの指摘はSOEの位置付けに限定すれば的確なものと言えるが、英緬政治史全般については十分な叙述がなされていないことである。ダケットが批判するティンカーの叙述についても、その指摘箇所についていれば的確な指摘と言えるが、ティンカーのそれ以外の叙述については本書だけでは十分にカバーできていない。SOEの活動がビルマ独立過程に与えた影響は大きなものであったことが本書から想定できることから、その具体的な影響の在り方については今後の研究が必要といえるであろう。もちろん、SOE研究をそのような政治史的な観点にまで連結している点において、ダケットの貢献は大きなものであったと言える。

謝辞

この論文は科研費基盤研究(C)「アジアにおけるイギリスの広報政策―外務省情報調査局の活動を中心に―」による研究成果の一部である。

2021年6月

註

[1] Richard Duckett, *The Special Operations Executive in Burma: Jungle Warfare and Intelligence Gathering in World War II* (I.B. Tauris, 2018).

[2] 佐々木太郎『革命のインテリジェンス—ソ連の対外政治工作としての「影響力」工作—』（勁草書房、2016年）、リチャード・オルドリッチ『日・米・英「諜報機関」の太平洋戦争—初めて明らかになった極東支配をめぐる秘密工作活動—』会田弘継訳（光文社、2003年）。

[3] M.R.D. Foot, *SOE in France: An Account of the Work of the British Special Operations Executive in France, 1940-1944* (HMSO, 1966).

[4] M.R.D. Foot, *SOE: An Outline History of the Special Operations Executive 1940-1946* (The British Broadcasting Corporation, 1984), p. 17.

[5] Ian Dear, *Sabotage and Subversion: The SOE and OSS at War* (Cassel, 1996), p. 9.

[6] 奥田泰広「イギリスに関する情報史研究の現状」『情報史研究』創刊号（2009年）、126頁。

[7] 情報史研究会編『名著で学ぶインテリジェンス』（日経ビジネス人文庫、2008年）、104-114頁。

[8] Mark Seaman ed., *Special Operations Executive: A New Instrument of War* (Routledge, 2005); Neville Wylie ed., *The Politics and Strategy of Clandestine War: Special Operations Executive, 1940-1946* (Routledge, 2008).

[9] Mark Seaman, "A Glass Half Full: Some Thoughts on the Evolution of the Study of the Special Operations Executive," in Wylie ed., *The Politics and Strategy*, p. 33.

[10] ルイ・アレン『ビルマ　遠い戦場—ビルマで戦った日本と英国1941-45年—』（上・中・下）平久保正男ほか訳（原書房、1995年）。

[11] Richard Aldrich, *Intelligence and the War against Japan: Britain, America and the Politics of Secret Service* (Cambridge University Press, 2000), p. 145.

[12] 根本敬『ビルマ独立への道—バモオ博士とアウンサン将軍—』（彩流社、2012年）、143頁。

[13] Hugh Tinker, *The Union of Burma: A Study of the First Years of Independence* (Oxford University Press, 1961[Third Edition]), p. 16.

[14] Ibid., p. 17.

[15] Ibid., p. 19.

投稿要領

『情報史研究』は、情報史研究会が発行する機関誌であり、情報史研究に関する論文や研究ノート、書評論文、書評、文献研究、史料・文書館紹介などを掲載する。

論文・研究ノート

20,000 字以内（図表・註を含む）。文字数にはスペースも含める。半角文字・全角文字ともに 1 文字とカウントする。20,000 字を超える論文の執筆を希望する場合には、あらかじめ編集委員会と協議すること（最大 40,000 字）。

研究動向

情報史研究の動向を紹介する。従来、日本では、情報史研究に関する研究動向について十分に紹介されてこなかったという事情から、本誌では、日本における学術的意義を考慮し、その動向を積極的に紹介することで、新しい知見やアプローチ、発想、史料の発見などを知り、日本における情報史研究の発展につなげたいと考えている。20,000 字以内。

史料紹介・文書館紹介

情報史研究は、史料の公開や発見そのものに大きな価値がある。ここでは新たに公開された情報史資料や、これまで着目されてこなかった史資料、あるいは資料収集に有用な各国の文書館情報を紹介する。20,000 字以内。

書評

情報史研究の観点から重要な著作を評価する。5,000 字以内。

書評論文

情報史研究に関する重要な著作を複数取り上げて、独自の視点から考察を加える論文である。20,000 字以内。

文献研究

執筆者独自の視点から、情報史研究に関する重要著作の意義付けを行う。

一冊の文献について詳しく検討するもの、あるいは、一つの問題意識のもとに複数冊の文献を検討するものを想定している。8,000 字以内。

用語解説

情報史研究に必須であると考えられる概念、人物、事項、組織等を取り上げて解説する。各項目には、「要約」・「解説」・「参考文献」を記載する。「要約」は 200 字程度、「解説」は 2000 字程度とし、「参考文献」は、スタンダードで入手しやすい研究書を記載する（上限 3 冊）。

その他

『情報史研究』編集委員会が有用と判断した場合、その他の形式も採用する。

原稿の採否については、情報史研究会理事会が設置する『情報史研究』編集委員会がこれを決定する。投稿は情報史研究会の会員に限られるものとするが、編集委員会が会員以外の執筆者に依頼する場合にはこの限りではない。

原稿は、原則として Word にて作成し、E-mail にて情報史研究会事務所に送信するものとする。それ以外の形式によって投稿を希望する場合は、事前に情報史研究会事務所に問い合わせること。なお、投稿にあたって「執筆要領」に従っていない原稿は受理しない。

（原稿提出先）情報史研究会事務所：intelligence2002@excite.co.jp

※原稿提出時には以下の項目も知らせること。

- ・氏名のローマ字表記
- ・奥付に記載する肩書
- ・論文の英語タイトル

2021 年 6 月

執筆要領

I　校正、表記などについて

1　構成や見出しなどは執筆者の判断に任されるが、編集上の技術的な問題に関しては、編集委員会の判断で修正を行うことがある。

2　本文に初出する人名は原則としてフルネームとし、非漢字使用圏における人名はカタカナ表記した後、カッコ内にアルファベット表記を付す。

3　算用数字とアルファベットはすべて半角を用いる。

4　英語で日付を表記する際は「月日年」を用いる（本文・註ともに適用）。
　（例）September 2, 2008

II　註の様式について

1　日本語文献

（1）　初出の引用

① 単行本の場合　著者名『書名』翻訳者名、シリーズ名（出版社、出版年）頁。

② 論文の場合　著者名「論文名」『掲載誌名』巻号数（発行年月）頁。

③ 新聞の場合　著者名「記事名」『新聞名』発行年月日（夕刊の場合は明示）。

④ 引用頁が複数にわたる場合、頁番号は完全表示とする。（例）234-238頁。

⑤ 著者などが 四人以上の場合は「○○他」を用いてよい。

（2）　二度目の引用

①「著者姓、著書あるいは論文の略称、頁。」のように表記する。

② ただし、同一資料を直後に引用する場合、「同上、頁。」のように表記する。

③「前掲書」、「前掲論文」の表記は使用しない。

（凡例）

(1)　外務省編『外交青書』第 1 部、平成 11 年度版（大蔵省印刷局、1999 年）9-11、39 頁。

(2)　防衛省・自衛隊「大臣会見概要」報道資料、記者会見、2008 年 7 月 1 日。

(3)　川島真、千葉功「中国をめぐる国際秩序再編と日中対立の形成―義和団事件からパリ講和会議まで」川島真・服部龍二編『東アジア国際政治史』（名古屋大学出版会、2007 年）87-91 頁。バーバラ・W・タックマン『決定的瞬間　暗号が世界を変えた』町野武訳、ちくま学芸文庫（筑摩書房、2008 年）。

(4)　川島、千葉「中国をめぐる国際秩序再編」104-106 頁。

(5)　中西輝政「解題 ヨーロッパへの愛、あるいは歴史への愛」高坂正尭著作集刊行会編『高坂正尭著作集　第 6 巻　古典外交の成熟と崩壊』(都市出版、2000 年)、650-653 頁。

(6)　同上、661-665 頁。

(7)　ジョン・チャップマン「戦略的情報活動と日英関係　1900-1918 年」狩野直樹訳、細谷千博他編『日英交流史　1600-2000　3 軍事』（東京大学出版会、2001 年）86-92 頁。

(8)　等雄一郎「『日本版 NSC（国家安全保障会議）』の課題―日本の安全保障会議と米国の NSC」『調査と情報』第 548 号、2006 年 9 月 22 日、8-9 頁。

(9)　ズビグニュー・ブレジンスキー（Zbigniew Brzezinski）、元米国安全保障担当大統領補佐官、筆者によるインタビュー、於米国ワシントン DC、2008 年 7 月 19 日。

(10)　西田恒夫他「座談会　国際情勢の動向と日本外交」『国際問題』第 538 号（2005 年 1 月）8-9 頁。

(11)　『産経新聞』2007 年 12 月 22 日。

(12)　『日本経済新聞』2008 年 1 月 4 日（夕刊）。

2　英語文献

（1）　初出の引用

① 単行本の場合　Author, *Title* (Place of Publication: Publisher, Year), Page(s).

② 論文の場合　Author, "Title of Article," *Title of Journal*, volume, number (Month Year), Page(s).

③ 新聞の場合　Author, "Title of Article," *Title of Newspaper*, Date of Publication, Page(s).

④ 一つの註において複数文献を引用する場合は、セミコロン（；）でつなぐ。

⑤ 引用頁が複数にわたる場合、頁番号は完全表示とする。（例）pp. 145-149.

⑥ 誌名は略称を用いない。

（2）　二度目の引用

①「Last Name, *Title*, Page(s).」「Last Name, "Title," Page(s).」のように表記する。

② ただし同一資料を直後に引用する場合、「Ibid., Page(s).」のように表記する。

③ Ibid. はローマ活字体で入力し、イタリックとしない。

④ Op. cit. は用いない。

⑤ 書名、論文名は二度目の引用以降、略称を用いてよい。

⑥ 著者などが四人以上の場合は、「et al.」を用いてよい。

（凡例）

(1) Percy Cradock, *Know Your Enemy: How the Joint Intelligence Committee Saw the World* (London: John Murray, 2002), esp. chaps. 5, 8, 10.

(2) Ernest R. May, "Studying and Teaching Intelligence: The Importance of Interchange," *Studies in Intelligence*, vol. 38, no. 5 (1995).

(3) Patrick Finney et al., *Palgrave Advances in International History* (Basingstoke and New York: Palgrave Macmillan, 2005), chap. 5; Robert Cecil, "The Cambridge Comintern" in Christopher Andrew and David Dilks, eds., *The Missing Dimension: Governments and Intelligence Communities in the Twentieth Century* (London and Basingstoke: Macmillan, 1984), pp. 171-174.

(4) Peter B. Kenen, *Reform of the International Monetary Fund*, Council Special Report, no. 29 (New York: Council on Foreign Relations Press, 2007).

(5) Ibid., pp. 26-29.

(6) Raymond Aron, *The Imperial Republic: The United States and the World, 1945-1973*, trans. Frank Jellinek (Englewood Cliffs, N.J.: Prentice-Hall, Inc., 1974), p. 58.

(7) "Next step in the Galileo Program: Handover of the management from

the Galileo Joint Undertaking to the European GNSS Supervisory Authority," Galileo Joint Undertaking, Brussels, November 30, 2006.
(8) "DCI Announcement," Director of Central Intelligence Agency Mike Hayden, March 12, 2008.
(9) Federal Bureau of Investigation, Office of Public Affairs, "The FBI and the Financial Sector: Working Together to Protect our Citizens and our Economy," Speech at Money Laundering Enforcement Conference, by John S. Pistole, Deputy Director, October 22, 2007.
(10) U.S. Department of State, *Foreign Relations of the United States, 1945-1950, Emergence of the Intelligence Establishment* [hereafter *FRUS*, 1945-1950] (Washington, D.C.; U.S. Government Printing Office, 1996), p. 623.
(11) Scott Shane, "Millions of Pages of American secrets to be reveals: Many files from Cold War coming open," *International Herald Tribune*, December 22, 2006.
(12) *FRUS*, 1945-1950, p. 810.

3　その他

（1）一つの註において日本語と外国語両方の文献を引用する場合は、句点、セミコロン、ピリオドなどで区切る。

（例）中西「解題 歴史への愛」659-661 頁、等「日本版 NSC」10 頁、May, "Importance of Interchange," p. 5; Cradock, *Know Your Enemy*, pp. 37-49.

（2） その他の言語を用いる場合は編集委員会に事前に相談すること。

（3）インターネット上の資料を用いる場合は、「資料名、発行機関名、<URL>、アクセスした日付の順」とする。

（凡例）

(1) 「内外情勢の回顧と展望―不透明化する国際情勢と国内公安動向」公安調査庁、平成 20 年 1 月　<http://www.moj.go.jp/KOUAN/NAIGAI/NAIGAI20/naigai20-00.html>、2008 年 2 月 9 日アクセス。

(2) Director of National Intelligence, *United States Intelligence Community: Information Sharing Strategy* (Washington DC, 2008), <http://www.dni.gov/reports/IC_Information_Sharing_Strategy.pdf>, accessed on March 8, 2008.

2021 年 6 月

情報史研究会のご案内

http://intel2002.exblog.jp/

情報史研究会は、近現代史における国家運営の機能としてのインテリジェンスに関する学術的・歴史的研究を行うことを目的とする団体です。2002年に中西輝政・京都大学教授の提唱により発足して以来、定期的に例会を開催して研鑽を重ねてきました。国際関係におけるインテリジェンスの役割について比較史的な観点から考察を行った成果の一部は、2007年に共著『インテリジェンスの20世紀』（千倉書房）として刊行されております。また、日本の一般社会における「インテリジェンス・リテラシー」、すなわちインテリジェンスを深く理解する知識や素養の向上のため、より広い読者層を対象とした刊行事業にたずさわってきました。2008年に刊行された共著『名著で学ぶインテリジェンス』（日本経済新聞出版社）は、インテリジェンス研究に関するいわゆる「名著」を多数取り上げ、その内容紹介と検討を通じて基礎知識を提供することに努めております。続いて2009年5月に、当研究会は研究機関誌として『情報史研究』を創刊しました。本誌はより高度な学術研究者を対象とした研究機関誌として、日本において情報史研究を確立することを目指しています。

インテリジェンスに関する学術的・歴史的研究をされている方の入会を受け付けております。会員は、会員のみの例会にて自由に報告・討議を行うことができ、機関誌『情報史研究』が配布されます。年会費は一般会員 5,000円、大学院生会員 3,000円となっています。入会申込みについては次ページをご参照ください。

なお、当研究会のサイト http://intel2002.exblog.jp/には、例会などの活動内容、出版物や機関誌の案内、規約、入会要領などの詳細を載せてありますので、ご参照ください。過去の機関誌『情報史研究』の頒布についても、intelligence2002@excite.co.jp までお問い合わせください。

入会申込要領

入会を希望される方は、「情報史研究会規約」をよくお読み頂き承諾の上、メールにて入会申込書を請求して下さい。請求から数日で所定の申込書を送信しますので、記入の上で返信して下さい。

申込書の項目は、以下です。

氏名、職業・所属、指導教官氏名（大学院生の場合）、住所、電話番号、E-mail、最終学歴、専攻・研究テーマ、主要研究業績、推薦人氏名

推薦人欄記入の際は、事前に推薦人の了承を得ておいて下さい。

大学院生の場合は「指導教官氏名」を記入して下さい（但し、指導教官の推薦は必須ではありません）。

推薦人は原則 2 名必要ですが、推薦人が 1 名のみ、あるいは推薦人なしの場合でも、理事会で入会を検討することがあります。その際は、「主要研究業績」欄に経歴を追記して下さい。

また、研究業績として刊行論文等がまだない場合でも、次のようなものがあれば参考にしますのでご記入下さい。

・現在取り組んでいるテーマ
・学部の卒業論文
・博士論文の展望

申込後は、推薦人への確認、理事会の承認、年会費の入金確認を経て、手続きが完了します。

入会申込先：intelligence2002@excite.co.jp

2021 年 6 月

『情報史研究』総目次
（創刊号～第10号）

第 2 号（2010 年 6 月）

特集　アメリカの史料による情報史研究

【論文】

大野直樹「政策決定過程における CIA の苦闘―CIA の情報評価文書と NSC68 路線の推進過程―」

【研究ノート】

奥村元「第二次世界大戦期ドイツの極東における情報活動―アメリカ国立公文書館所蔵の新史料の紹介―」

【文書館紹介】

小島吉之「米国立公文書館新館―CIA 情報文書の利用を中心に―［付論　情報文書を閲覧できるウェブサイト一覧（米国）］」

【書評】

佐々木太郎「John Earl Haynes, Harvey Klehr, and Alexander Vassiliev, *Spies: The Rise and Fall of the KGB in America* (New Haven: Yale University Press, 2009)」

小島吉之「Matthew M. Aid, *The Secret Sentry: The Untold History of the National Security Agency* (New York: Bloomsbury, 2009)」

自由論題

【研究動向】

柏原竜一「フランスにおけるインテリジェンス研究の新動向―進むフランスの情報公開とフランスにおけるテロ対策の進化―」

【文書館紹介】

金自成「イギリスにおけるインテリジェンス関連情報の公開と国立公文書館」

【書評】

山添博史「Oleg Khlobustov, *Gosbezopasnost' Rossii ot Aleksandra I do Putina* (Moscow: In-folio, 640 pp, 2007)［オレク・フロブストフ『ロシアの国家保安機関、アレクサンドル 1 世からプーチンまで』(2007 年、ロシア語)］」

【用語解説】

インテリジェンス（金自成）、コバート・アクション（金自成）、カウンターインテリジェンス（金自成）、インテリジェンス・サイクル（小島吉之）、フランシス・ウォルシンガム（山根元子）、ジョン・サーロー（奥田泰広）、ダニエル・デフォー（山根元子）、ウェリントンのスパイたち（山根元子）、サー・マンスフィールド・カミング（奥田泰広）、サー・ヴァーノン・ケル（奥田泰広）、トマス・エドワード・ロレンス（奥田泰広）、サマセット・モーム（奥田泰広）、シャーマン・ケント（大野直樹）

第3号（2011年6月）

【論文】

佐々木太郎「「影響のエージェント」としての宋慶齢―両大戦間期におけるソ連の対中国積極工作に関する一考察―」

高橋英雅「競合仮説分析（Analysis of Competing Hypotheses）は情報分析手法としてどこまで有効か―真珠湾攻撃直前における米太平洋艦隊の情報分析を事例に―」

【書評論文】

奥田泰広「イギリス政府公認のMI5史とSIS史は何を明らかにしたか：Christopher Andrew, *Defend the Realm: The Authorized History of MI5* (New York: Alfred A. Knopf, 2009); Keith Jeffrey, MI6: *The History of the Secret Intelligence Service, 1909-1949* (London: Bloomsbury Publishing, 2010)」

【史料紹介】

柏原竜一「第一次大戦後のベルリンでのソビエト情報活動　フランス行政警察「ドイツファイル」より」

【用語解説】

MICE（小島吉之）、情報の政治化（小島吉之）、フェリクス・ジェルジンスキー（山添博史）、ウィリアム・ドノヴァン（大野直樹）、アレン・ダレス（大野直樹）、シドニー・ライリー（奥田泰広）、サー・ウィリアム・スティーヴンソン（奥田泰広）、ヴェノナ作戦（佐々木太郎）、康生（佐々木太郎）、リヒャルト・ゾルゲ（金自成）

4 号（2012 年 5 月）中西輝政教授京都大学退官記念号

奥田泰広「刊行の言葉」

特集近現代日本におけるインテリジェンス

【論文】

関誠「日清天津条約前後の日本における情報と政策―壬午事変後の海軍・外務省の情報体制強化―」

小山俊樹「満州事変期における外交機密費史料の検討―在中国日本公館の情報活動を中心に―」

森田吉彦「日本における『孫子』用間篇の註釈　反間という難問をめぐって」

【研究ノート】

小谷賢「インテリジェンス・オフイサーとしての小野寺信」

自由論題

【論文】

金自成「ソ連の秘密工作活動と企業―北伐期を中心に―」

【書評】

奥田泰広「Polly A. Mohs, Military Intelligence and the Arab Revolt: The First Modern Intelligence War (Oxon: Routledge, 238pp, 2008)」

【用語解説】

ヴィルヘルム・カナリス（奥村元)、アプヴェア（外国・防衛部）（奥村元)、ナチス親衛隊の情報機関（奥村元)、『孫子』(森田吉彦)

第 5 号（2013 年 9 月）

情報史研究会発足 10 周年記念シンポジウム

―情報史研究のあゆみと新しい可能性への挑戦―

＜第一部＞基調講演

中西輝政「なぜ日本にとって情報史研究が必要なのか？」

＜第二部＞パネル・ディスカッション

中西輝政・小谷賢・柏原竜一・大野直樹（司会：関誠)「情報史研究が切り拓いた道―その成果と今後の課題―」

特集　インテリジェンス文化

【研究ノート】

中西輝政「イギリス情報活動の特殊性」
小島吉之「アメリカのインテリジェンス文化―秘密の伝統とリベラル・デモクラシーとの葛藤―」
柏原竜一「公安防諜活動から見たフランス情報活動とその特徴」
岩谷將「中国共産党情報組織発展史」
小林良樹「日本のインテリジェンス文化―インテリジェンスの概念定義及び民主的統制制度に関する考察―」
自由論題
【論文】
奥田泰広「国家安全保障機構の国家戦略形成機能―ロカルノ条約締結に至るイギリスの対外政策形成システム―」

第 6 号（2015 年 4 月）
特集　インテリジェンス文化 Ⅱ
【研究ノート】
小島吉之「インドのインテリジェンス文化―グローバル・パワーとしての台頭と変わりゆく伝統―」
奥田泰広「英国マスメディアと機密保全―DA 通告制度に関する考察を中心に―」
柏原竜一「カウンター・インテリジェンスとは何か」
大原俊一郎「ドイツのインテリジェンス文化における合理主義の伝統―日独実践倫理をめぐる諸考察―」
自由論題
【論文】
北村新三・原勝洋「D 暗号（JN25B）による海軍暗号文に現れる語句の頻度解析と暗号解読率の推定」
佐々木太郎「ソ連型対外政治工作の起源」
【書評】
柏原竜一「Owen L. Sirrs, A History of the Egyptian Intelligence Service」
伊丹明彦「Niels Erik Rosenfeldt, The "Special" World」

第7号（2015年2月）

特集　冷戦期のインテリジェンス

【論文】

大野直樹「アイゼンハワー大統領によるインテリジェンスの利用―CIAのソ連・東欧分析に注目して―」

大原俊一郎「ドイツ連邦情報庁（BND）の起源と米独情報関係の成立―アメリカ情報部の官僚的抗争とドイツ情報機関の組織形成―

奥田泰広「ベヴィン外交における中国問題―1949年前半期におけるIRDの活動を中心に―」

【研究ノート】

佐々木太郎「ソ連の〈影響力行使者〉の概念と諸類型

【書評】

小島吉之「グレン・グリーンウォルド著『暴露　スノーデンが私に託したファイル』」

第8号（2016年9月）

【論文】

楠公一「日本海軍の情報観―米海軍との比較の視点から：1884 年-WWⅡ―」

【研究ノート】

高畠健一「秘密保全制度に関する概念的考察―「秘匿の利益」と「共有の利益」のバランス―」

【書評】

奥田泰広「Huw Dylan, *Defence Intelligence and the Cold War*」

小島吉之「Gregg Herken, *The Georgetown Set*」

大野直樹「Richard H. Immerman, *The Hidden Hand*」

小島吉之「藤林保武著・中島篤巳訳註『完本　万川集海』」

奥田泰広「関誠著『日清開戦前夜における日本のインテリジェンス』」

2021年6月

第 9 号（2018 年 12 月）

小特集　情報史研究と国際政治史研究の橋渡し

【論文】

奥田泰広「マラヤ緊急事態とイギリスのプロパガンダ政策―シンガポールにおける情報調査局の活動― 」

【書評】

吉川弘晃「Michael David-Fox, Showcasing the Great Experiment: Cultural Diplomacy & Western Visitors to the Soviet Union 1921-1940」

自由論題

【論文】

伊丹明彦「シベリア出兵政策における外交調査会の機能」

【用語解説】

高畠健一「情報機関の監視・統制―特定秘密の保護に関する法律―」

第 10 号（2020 年 11 月）

三島武之介「佐古丞会員についての追憶―「戦間期経済外交における外務省の情報収集」に始まる交遊を振り返って―」

小特集　戦前日本の外交と情報

【論文】

伊丹明彦「平和論者・阪谷芳郎の第一次世界大戦中における国際情勢判断と外交構想―シベリア出兵以前の欧州出兵論―」

【書評】

進藤翔大郎「井上寿一著『機密費外交』」

自由論題

【論文】

三島恒平「内閣安全保障機構の機能と課題―国家安全保障会議、国家安全保障局、内閣情報調査室、事態対処・危機管理組織について―」

瀧川雄一「第 4 次中東戦争でイスラエルの動員が遅れた原因に関する一考察―OODA ループの情勢判断モデルを用いた分析―」

2021 年 6 月

Review of Intelligence History

Number 11 June 2021

Association of Intelligence History Studies

執筆者紹介（執筆順）

森田　吉彦　大阪観光大学教授
奥田　泰広　愛知県立大学准教授

情報史研究　第11号

2021年6月28日発行

編集　『情報史研究』編集委員会
発行者　森田　吉彦
発行所　情報史研究会
〒590-0493　大阪府泉南郡熊取町大久保南 5-3-1
大阪観光大学国際交流学部　森田吉彦研究室付
Email　intelligence2002@excite.co.jp
http://intel2002.exblog.jp/
発売元　学術研究出版
〒670-0933　姫路市平野町 62
TEL. 079 (222) 5372　FAX. 079 (244) 1482
https://arpub.jp
印刷所　小野高速印刷株式会社

ISBN978-4-910415-51-2　ISSN 1883-8685